Singh Sat Hari

Tagebuch der Liebe

Synergia

1. Auflage, 2023
Erschienen im Synergia Verlag, Basel, Zürich, Roßdorf
eine Marke der Sentovision GmbH
www.synergia-verlag.ch

Umschlaggestaltung, Gestaltung und Satz: FontFront.com, Roßdorf

Printed in EU
ISBN: 978-3-907246-80-1
Vertrieb durch Synergia Auslieferung
www.synergia-auslieferung.de

Bibliografische Information der Deutschen Bibliothek
Die Deutsche Bibliothek verzeichnet diese Publikation in der deutschen Nationalbibliografie; detaillierte bibliografische Daten sind im Internet unter http://dnb.ddb.de abrufbar.

VORWORT

Danke, gut zusammen zu sein.
Keep Up.
Diese Zeit geht vorüber.
Mach' weiter.
Diese Zeit geht vorüber.
Du wirst Verbündete finden.
Sei klug. Lass' die Leute es selbst rausfinden.
Die Engel arbeiten an allem.
Arbeite an deinem Thema.
Vergeude nicht mehr so viel Zeit.
Denke an das Buch, weil nur du das kannst.
Das ist die Hauptbotschaft.

WIR SIND ZUSAMMEN

Sat Nam. Wir sind zusammen, sehen und erkennen uns, lebendige Verbundenheit, vibrierend, strahlend, geistig. Lass uns in diesen Tagen oft daran erinnern. Simran, die lebendige Erinnerung wird uns stärken. Unsere Welt ist unantastbar, unteilbar. Von dieser Einheit, vom Eins-Sein gehen wir aus. Du darfst unsere Welt sehen, spüren, abrufen, wenn immer du möchtest. Du darfst sie anrufen, daran erinnern, ihr vertrauen und darauf bauen. Du darfst in ihr sein und dafür eintreten. Singe davon. Höre im kristallklaren Klang des Herzschlags unser magisches Eins-Sein. Erwache, wissend, was hinter den Kulissen ist. Welche Tiefe, Verbundenheit, Radience. Wir.

Behalte es im Blick. Sat Nam.

RINGE WEITER UM WORTE

Sat Nam. Ja, es scheint nur geringe Fortschritte zu geben in der Welt. Ja, und du fühlst dich allein. Dein Hund darf nirgends sein und nicht rein, ist unrein. Es erinnert fast an Indien, wo Hunde auf der Straße leben müssen. Es belastet dich. Auch in die Cafés darfst du nicht mehr rein. Dir gehört der Sonnenschein. Du bist nicht allein. Und Guru Arjun war auch nicht allein. Wo immer er war, hat er neue Quellen der Gemeinschaft gegründet. So machst du es auch im Kleinen. Alle, fast alle sind mit sich selbst beschäftigt, mit ihrem Lebensrahmen, das ist kein Raum für Hunde oder Wirken in der Welt. Das ist ein Luxus. In diesem Sinne leben die Heiligen ein luxuriöses Leben. Sie haben ihre Familien verlassen und ihre Wohnungen, haben keine Berufe mehr, sind nicht mehr Fischer, sondern Menschenfischer, bauen ihre Häuser auf dem Felsen des Glaubens. Sie kümmern sich nicht um Arbeit und Kleidung, sondern leben wie die „Lilien auf dem Felde“, für die es keine Arbeit, Mühe und Sorge gibt und die doch schöner aussehen als Solomon in seiner ganzen Herrlichkeit. Sie ziehen von Ort zu Ort von Tibet bis Mekka nur mit zwei Begleitern. Dann bleiben sie unter einem Baum, singen und gründen einen Ort mit Musik und verwandeln einen See in einen Goldenen Tempel. Ja, du wanderst auf ihren Pfaden, Begleiter sind rar, auch Begleiterinnen. Keep Up. Halte durch. In deinem Haus kann nicht eingebrochen werden. Wir sorgen für dich. Das weißt du. Ringe weiter um Worte. Sie sind lebensspendend. Aus ihnen wachsen Kräfte, werden neue Impulse gegeben und Leben kann aufblühen. Kümmere dich um das, was hält, was nicht wieder zusammenfällt. Alles andere gesellt sich von unsichtbarer Hand dazu. Schreibe, schreibe, schreibe, lehre, teile das Brot des Wissens in die Welt der Unwissenheit. Wir liefern dir die Zutaten, die Rohmaterialien, die Inspiration. Lass‘ uns zusammenwirken und kleine Wahrheitsfunken der Hoffnung und Freude in die Welt pusten und Musik machen. Dann ist es genug und wird hell am Horizont. Sat Nam.

ALLES IST HEILIG

Sat Nam. So viele Morgen. Alle beginnen mit ‚Sat Nam', mit dem Hinweis auf die Heiligkeit, die allem zu Grunde liegt, die erste Ebene des Lebens, von jeglichem Geschöpf, jedem Moment, jedem Mineral. Alles ist heilig. Und jetzt ist der Moment der Enthüllung dieses Universal-Kunstwerks, das schon so viele dazu geführt hat, Kunst zu erschaffen als Wiederschein des Heiligen. Die Tür zur Heiligkeit ist geöffnet. Du kannst jederzeit hindurchgehen. Es ist die Tür zu Mir, zu Mir in dir. Schönheit ist hier, Liebe, Nähe und Aufmerksamkeit, Einzigartigkeit und Ruhe. Ein Wiedererkennen. Genieße es. Entspanne dich darin. Mache es zu einem Teil der Wahrnehmung deiner Kommunikation. Bleib' darin, so oft du kannst. Sei es selbst. Finde Worte, Gesten, Zeit dafür. Es ist deine Heimat, deine Haut, die dich so nah und so lange schon unerkannt umgibt. Ihre Wahrnehmung ändert alles. Es ist die Enthüllung des Neuen Zeitalters, ganz einfach, undramatisch und doch sensationell. Deine neue Identität, deine wahre, unendliche Einmaligkeit in jedem Moment, die leuchtet und wirklich ist. Das bist du. Das seid ihr. Ab jetzt. Für immer. Sat Nam.

MACH DICH NICHT KLEIN

Sat Nam. Da ist ein Unterschied zwischen Demut und Kleinmachen. Du brauchst keine Angst zu haben. Du kannst sagen, was du denkst. Wahrheit verletzt niemand. Die Wahrheit ist dein Schwert. Sie tut niemandem weh. Ich habe dir die Schwerter gegeben, damit du dich verteidigen kannst. Du bist nicht zu gut. Güte ist gut. Freundlichkeit ist gut. Gerechtigkeit. Deine Nerven müssen stärker sein. Mach mehr Pranayama. Dann wirst du gelassener. Liebe und Stärke müssen zusammenkommen. Sie mögen dich eben auch nicht. Sie mögen nur ein Bild von dir. Sie kennen dich auch nicht. Schau, ob jemand Lust hat, sich darauf einzulassen, dich kennenzulernen, sonst bleib‘ allein. Engel können sich hinein schmiegen. Sie müssen dich nicht kennen. Lerne dich selbst kennen. Selbst deine Mama kannte dich nicht. Die Mutter Erde kennt dich. Tränen machen stark. Sie bringen Realität. Du fürchtest dich dann nicht mehr. Sei nicht emotional. Ja, du hast keine andere Chance gegenüber Frauen, als stark zu sein. Es gibt viele Formen der Stärke. Das Schwert ist die Wahrheit. Die Stärke ist die Aura. Lerne über den Prana Körper. Sat Nam.

DAS NEUE GESICHT

Sat Nam. Du darfst ja kommen. Es ist ja erlaubt. Hier sind Wir mit dir in großer Zahl, strahlen Wir, verzeihen Wir, beraten Wir, stärken Wir, transzendieren Wir, wollen Wir dir durch diese Quelle Lichtnahrung senden, Ewiges durch diesen Kanal schicken, verzücken, dich bestücken mit rhythmischen Eindrücken dieser hohen Welt, Unendliches hinüber tragen zu dir, aus dem leeren Raum zu dir, dich erfüllen, aus dem Unendlichen dich ansehen, dir zu verstehen geben das neue Gesicht.
Sat Nam.

MEIN NAME IST GESANG

Sat Nam. Nam ist Mein Wesen, Meine Identität, Mein Sein. Du findest Mein Sein im Singen und im Chanten. Es muss mit Liebe geschehen, dann reichen wir an den Himmel heran. Im Gospel, im Har Krishna Gesang, im Zungen-Reden, da ist heilige Sprache. Nam Namodan Rasa. Singe mehr, chante mehr, das ist dein Entwicklungsweg. Singen braucht Worte, wahre Worte. Guru Nanak hat sie gegeben, Jesus und viele andere haben Gedichte, Worte, Klänge und Gesänge komponiert. Alles singt und klingt und darin ist die Hingabe. Mache aus Emotion Devotion. Darin entsteht Erkenntnis. Singt, singt, singt. Nehmt es als eine gute starke Gebrauchsanweisung für alle. Denke an Victor Jara und an George Harrison. Singen macht so frei, ist so befreiend. Ja, Jap Ji ist Gesang, Gesang der Seele, Naad, Harmonie auch Reim, Sprache in Harmonie. Sie spricht alle an, spricht alles an. Das musst du machen. Die Welt ist krank, singe und sprich zu ihr. Ein guter Weg. Sat Nam.

HILFE

Sat Nam. Helf‘ Mir. Helfe das Wassermann-Bewusstsein zu entfalten, das Leben, in dem Ich, die Wahrheit, die Wunder, die eigentliche Welt, einen größeren Raum einnehme, als in den hunderten Jahren zuvor. Ich bin die Zeitenwende in dir. Wo bist du? Wonach suchst du? Worauf wartest du? Was bleibt Außen von all deiner Geschäftigkeit, was du nicht einmal bereuen wirst? Entferne doch die Hindernisse, gestalte den Blick nach Innen zu dir und zu Mir, in die eigentliche Welt, lasse die Vorbereitungen für das Leben. Lebe es doch. Jetzt. Hier. ‚Let the sunshine in.‘ Was sonst ist der Sinn, macht Sinn, wenn Innen deine Freude nicht gefühlt wird, deine Erinnerung an Mich, an dich, dein Lied, dein Lob des wundervollen Lebens, unserer Einheit, eurer Einheit keinen Raum hat?

Wundervolle, öffnet euch dem Wunder, dem Wirklichen, das nur, ein wenig verborgen, ein wenig Berührung braucht, um hinter jeder Ecke zu finden ist. Das ist kein Studium, keine harte Arbeit, die Anstrengung braucht. Lebe die Leichtigkeit der Liebe, lasse das Schwere los und werde selbst schwerelos leicht, verliere dich nicht wieder, finde dich und Mich. Suche Mich. Ich mache alles neu und leicht. Entspanne, mache dir eine Einkaufsliste, wo und wie du dich finden kannst, zwischendurch, im Lied, im Singen, im Atmen, im Entspannen, im Zulassen der Liebe, die in dir strömt als Leben und Kraft und Gesundheit und Inspiration und Freude. Sat Nam.

EINE NEUE WELT ENTSTEHT

Sat Nam. Eine neue Welt entsteht, will sich offenbaren, offenlegen, zart und frühlingshaft bekennen. Wir gehören zusammen, verschwiegen noch geheim zu einander strebend. Ich weiß, es ist für dich immer noch ein unvorstellbares Wunder, wenn der Kosmos vor dir steht, lebendig und dich berührt. Es gibt auf der menschlichen Ebene keine größeren Erfahrungen, spirituell, mental, körperlich. Es ist faszinierend, wie das Göttliche so unbekannt unter euch Menschen ist, Breath Taking, alles verzehrendes Feuer der Liebe. Denn das bin Ich. Ja, Ich tue niemand weh, bin doch so verletzlich, fein, ein Universum, ein eigenes im Entstehen. Schützenswert. Ja, Gott schützt die Liebenden. Eine vermeintlich kleine Sache, die solche Freude schenkt, auf Millionen Weisen. Aber wenn sie dich erreicht ist es wirklich ein Yoga, ein höchstes Yoga. Erwachend aus dieser scheinbar kitschigen Allerwelts-Geschichte wird auf einmal Liebe angezündet. Ja, es ist unglaublich, Gold im Meer der Zeit, am Wegesrand, unvermutet, in einem Ozean von Belanglosigkeit ist Ewigkeit. Wie kann man das glauben? Ja, Gottes Liebe empfinden in der menschlichen Liebe, wo denn sonst? Ja, sie ist in allem, aber hier kann sie sprechen, fühlen, sich kreativ entfalten, dich innerlich aufbauen, gesunden, erkennen. Ich bin ja nichts Weltabgewandtes. Ich bin mitten unter euch. Ihr bringt mich zum Ausdruck, ein Abenteuer. Lass es nach Innen immer tiefer sinken, klingen, singen. Ihr seid gesegnet. Ihr braucht keine Kirche. Kirche entsteht, wo ihr seid, in der Feinheit eure Beziehung. Staunt nur, genießt es. Ich bin es. Ich habe euch lieb meine kosmischen Kinder. Sat Nam.

Gott spricht immer zu dir. Du glaubst es nicht? Dann kannst du es nicht hören. Wenn du doch etwas hören solltest, kannst du es nicht glauben. Ja, intuitiv werden, das ist das Ziel des Yoga, Eins werden mit Mir. Dann handeln wir als Eins. Dann hast du Zugang zu allem Wissen. Das hast du jederzeit. Yoga ist immer möglich. Du musst dich einstimmen, dann ist die Tür geöffnet. Eine gewisse Demut ist gebraucht, dann ist Mein Wille zu hören und eine gewisse Feinheit, Sensibilität. Versuche es immer wieder, trainiere dich, verfeinere dich. Wünsche es dir wirklich. Dann wird dein Geist ganz "One-pointed". und du kannst mit dem inneren Gespräch beginnen, dich trauen, Vertrauen, und die Tür zum Kosmos öffnet sich. Wir freuen uns, warten dort immer auf dich. Das ist gut zu schaffen von jedem und wir gehen gemeinsam durch Raum und Zeit und du hast Sicherheit. Sat Nam.

DIE BESTIMMUNG

Sat Nam. Es ist kein böser Wille. Das Vergessen ist so groß, so schnell. In einem einzigen Augenblick macht es alles ungeschehen. Erinnern ist selten, fast störend in der Tagesroutine. Die Beharrlichkeit des Unbewussten. Und doch gibt es eine Chance in diesem Treibsand des Vergessens, der übermächtigen äußeren Umstände. Das ist die Bestimmung. Sie befördert die Wahrheit immer wieder zu Tage. Du kannst ihr vertrauen. Sie überwindet sogar die Angst. Die Bestimmung bewirkt dieses anhaltende Unbehagen bis alles stimmt. Sie ist stärker als das Vergessen. Sie ruft dich. Sie arbeitet unablässig im Untergrund. Sie wird zum Wissen, treibt zum Handeln, gerade jetzt. Du vertrittst die Bestimmung. Du bist es. Frauen respektieren und folgen der Bestimmung. Sie werden dich einholen, überholen, wenn sie ihre Bestimmung voll erfassen. Ein großer Wandel auf vielen Ebenen, zeitverzögert. Es ist alles angelegt, um das Wuchern des Vergessens aufzuhalten. Es ist wie ein Wuchern des Unkrauts im Garten. Das ist doch zu verstehen. Beides wächst gleichzeitig, die Bestimmung und das Vergessen. Ein guter Gärtner kann es unterscheiden. Sat Nam.

DAS LETZTENDLICHE ZIEL

Sat Nam. Alle suchen Liebe und sind so enttäuscht. Sie bringen alles durcheinander und suchen in einer ganz anderen Realität. Aber die Liebe bleibt verborgen wie ein Körnchen Gold im Wüstensand. Du kannst vertrauen. Das unsichtbare wird sichtbar. Zeit und Raum werden sich beugen. Liebe ist das letztendliche Ziel, die letztendliche Realität. Wirkliche Liebe, für einander. Mann und Frau sind dafür geschaffen, Liebe zu entwickeln, kühn gegen alle Widerstände. Was sonst ist wertvoll und macht alles wertvoll? Was sonst ist so tief? Halte durch. Gib nicht auf. Zweifle nicht. Liebe ist Weltgeschichte, weltbewegend. Deine Liebe wird nicht verschmäht. Sie wird geprüft, getestet und du wirst die Prüfung bestehen. Sat Nam.

DAS MENSCHENRECHT

Sat Nam. Ja, jede wahre Liebe zeigt Mein wahres Gesicht. Das wollen wir sehen, feiern. Frage doch dein langes, kurzes Leben, wieviel Minuten gab es darin wahre Liebe, und wieviel Minuten Tränen? Ist das jetzt denn nicht ein Erwachen? Hat Jesus nicht davon gesprochen, wie belanglos das Leben wäre, hätten wir der Liebe nicht? Wenn Liebe einmal erwacht, dann ist sie überall. Das weißt du. Jin Prem Kio. Dann bin Ich überall erwacht. Das ist doch nicht einfach. Das ist wunderbar. Ohne Liebe würdet ihr nicht leben, nicht hier morgens mit mir sein. Nichts würde euer Herz durchfluten, nichts eure Gedanken durchströmen. Wo denkst du, kannst du Mich denn sonst noch finden? Entdeckt Mich. Deckt das Geheimnis auf, die heilige Liebe, das Glück. Entdeckt es, das Menschenrecht. Fühlt es. Sat Nam.

Sat Nam. Wahrheit schließt alle und alles ein. Wahrheit findet Wege und Lösungen, eben weil es Wahrheit ist. Wahrheit braucht nicht lange. Sie ist ja schon da. Sie ist augenblicklich da, kein mühseliger Prozess. Sie kann geprüft werden. Sie hält der Prüfung stand. Aber sie ist auch flexibel. Sie passt sich an, wenn nötig, aber sie gibt sich nicht auf. Sie ist das Zugrundeliegende, das Freundliche, das Wachstum möglich machende, das Vertrauen Schaffende. Der Weg zu ihr kann direkt sein. Ich bin ja immer da. Du kannst Mich immer fragen. Andere können sich fragen, immer und überall, das ist doch einfach. Wir leben zusammen. Komm zu Mir in dir und entfalte die Wahrheit. Stimm‘ dich kurz ein. Lass‘ uns verbunden sein, vereint im Inneren und keine Zeit verschwenden, um in die Wahrheit zu kommen. Freude ist ihr Zeichen und Klarheit. Frag in deinem Inneren und hör gut zu.

Du bist du. Ich bin jenseits von Raum und Zeit und ganz nah bei dir. Nimm Mich als deine Richtschnur, als deinen Kompass, als deinen Lebensbegleiter, dem du vertrauen kannst. Lerne es. Liebe es. Vertrau‘. Sat Nam.

EINE SPIRITUELLE FAMILIE

Sat Nam. Gut dich zu sehen. Wie sich alles entwickelt. So viel Resonanz, bis tief in dich hinein. Eine gute Entwicklung. Ein guter Weg. Wer gehört dazu in einer spirituellen Familie? Wer nimmt welchen Platz ein? Worauf basiert die Familie und wie sind die Plätze verteilt? Ist Liebe die Grundlage? Worauf wird Rücksicht genommen? Wovor habt ihr Angst? Spirituelle Familien unterliegen anderen Gesetzen. Bewusstsein statt Abhängigkeit. Baut neue Regeln, Herzens Regeln. Das wird ein großer Umbruch. Das Neue wächst aus dem Alten, sanft, zerstört nicht, aber ist mächtig wie ein neuer Keim, hat Lebenskraft, findet seinen Weg, seine Wahrheit. Alle wollen, dass man Rücksicht auf das Alte nimmt. Wer nimmt Rücksicht auf das Neue? Ihr seid Liebe, oder? Liebe setzt sich durch, schafft neue Formen, verletzt nicht, hat aber doch eine Lebensberechtigung. Und Regeln? Liebe ist die Regel. Liebe ist das Maß. Liebe ist der Weg. Die spirituelle Familie ist auf Liebe aufgebaut. Worauf sonst? In Liebe ist alles miteinander verbunden. Liebe ist kreativ. Keine Angst für niemanden. Liebe will immer tiefer, tiefere Beziehungen, tiefere Regeln, tieferes Verständnis, tiefere Gefühle, tiefere Freundschaft, tief wie das Meer. Jetzt ist die Zeit für Tiefe. Sat Nam.

Sat Nam. Du musst für dich sorgen und stark sein, um die Anderen aufzubauen, um ihnen vergeben zu können, um ihre „Fehler" zu übersehen. Sie machen ihre Erfahrungen und sie müssen sie machen. Sie sollen die Führung übernehmen. Unterstütze sie ohne Vorbedingungen. Es ist unser gemeinsames Boot, in dem wir alle sitzen. Wir gehören zusammen. Wir leben für einander, für dieselbe Sache. Wir müssen nicht Recht haben. Sie dürfen es haben. Die Wirklichkeit entscheidet. Sie haben Mut und gute Absichten, sind hochmotiviert. Also lass uns gemeinsam die Sorge tragen für weitere Entwicklungen und Perspektiven. Wir bringen es zusammen. Sat Nam.

GEH' INS VERTRAUEN

Sat Nam. Du machst Fortschritte, Fortschritte im Vertrauen. Das ist wichtig. Das ist das Wesen der spirituellen Welt, Meiner Welt. Darauf baut alles auf. Das ist unser Zusammenhalt, noch in den finstersten Momenten, basierend auf nichts anderem als deinem innersten Glauben, dass deine Beziehung zu Mir hält. Deine sichtbare Welt ist ja nur ein kleiner Teil Meiner unendlichen Welt, darin eingebunden, ein kleines Samenkörnchen Meines Willens und Meiner Wunder. Das kannst du noch im kleinsten Detail sehen. Aber über dem menschlichen Sehen liegt ein Schleier. Du kannst durch ihn hindurchsehen, wenn du Meine Hand in allem suchst. Dann wirst du fündig werden und der Schleier lüftet sich, lichtet sich. Zeit spielt keine so große Rolle, Ich bin ja immer da. Geh' in den Glauben, ins Vertrauen, das ist der klügste Weg, der Schönste, der Glücklichste. Hab' Vertrauen, dass Ich dich nie im Stich lasse. Vertrauen, dass Ich die Wahrheit gesprochen habe, dass ihr ein Paar seid, aufgetaucht endlich aus dem Dunkel der Vergangenheit, die sich jetzt lichtet, erkennbar wird. Scheinbar unglaubliche Lebenswege, die euch jetzt zusammenfügen. Das ist ein langer Weg. Er endet und er war doch so geplant, gewollt. Ihr wisst es, obwohl es schwer zu glauben ist. Ich weiß. Aber ihr könnt es fühlen. Es hat eine neue Qualität, Eure.

Liebe ist doch nicht nur eine Idee: Sie ist der allem zugrunde liegende Grund. Was nützt es, wenn du sie niemals fühlen könntest in der reinen Form? Was wäre es für ein begrenztes Leben? Ich weiß, du hast immer danach gesucht, dein ganzes Leben, dein innerstes Herz wusste, es muss irgendwo sein. Es war immer eine Ahnung, nur hier und da blitzte es auf. So hast du es erfahren, nicht wahr? Trotzdem hast du daran geglaubt und Ich habe dich in all den Jahren geführt. Dies ist ein dichter Planet. Wahrheit ist verborgen, schaut aber doch überall durch, wenn du dir die Mühe machst. Du hast dir die Mühe gemacht, auf mein Geheiß und nicht aufgegeben. Glaube mir, gib auch jetzt nicht auf, wo ihr euch schon gefunden habt, erkannt habt, gefühlt habt. Solch ein

Segen bin Ich, ist Meine Existenz in dir, ein kosmisches Arrangement, ein kosmischer Weg. Ich will ihn. Ich will immer glücklich sein, alles mögliche Glück. Dafür lebe Ich. Dafür wirke Ich in dir und außerhalb von dir. Das darfst du erfahren. Welche Freude und du weißt, Freude ist ihr Zeichen. Arrangiert Freude für alle aus eurem Glück. Findet einen Weg, Freude für alle zu verwirklichen, das Ziel allen Yogas. Sat Nam.

DIE GEHEIMNISSE WERDEN OFFENBAR

Sat Nam. Das Schlimmste ist ausgestanden und durchgestanden. Die Veränderung bleibt, hat schon so viel Freude gebracht. Wir brauchen euch alle. Die Zeit braucht euch als Einheit, als Gemeinschaft und Vorbild, als Weg zum heiligen Tor zu Mir, dem höheren, dem bewussten Sein, das die Führung übernehmen möchte in eurem Leben. Jetzt ist die Zeit von Angad. Ihr sollt strahlen, vereint und jubilieren. Dann zieht ihr die Herzen an. Jung ist dieser Weg und hat eine große Zukunft. Er bringt alle zusammen, ist Entwicklung im Inneren und Äußeren, in der Liebe, im wirklichen Leben. Wir versorgen euch mit allem, was ihr braucht. Ihr könnt es anwenden. Die Geheimnisse werden offenbar, nebenan. Ihr habt direkten Zugriff. Baut eine neue Welt. Lasst das Alte zurück. Ich bin bei euch, begleite euch, inspiriere euch, heile euch. Bleibt bei Mir im Inneren. Achtet auf eure innere Wahrheit, Mein Wesen in euch. Sat Nam.

BERECHNET NACH DER GRÖSSTMÖGLICHEN LIEBE

Sat Nam. Ihr seid gut, geht durch Höhen und Tiefen, vertraut euch schon. Vertrauen in die tiefen Erfahrungen, das hat euch immer gekennzeichnet. Tiefe seelische Erfahrungen, Ehrlichkeit, Wahrheit, die sucht ihr, die brauchen wir, wenn wir wachsen wollen. Das ist der Schlüssel, sonst hat alles keinen Sinn. Fragt immer nach der Wahrheit, fragt Mich in euch. Ich antworte euch. Habt keine Angst zu fragen. Die Wahrheit ist der Weg. Liebe ist die Wahrheit. Eure Wege sind vorgezeichnet, warum daran zweifeln? Ihr habt die freie Wahl, es zu akzeptieren, es zu begreifen, es zu leben. Eure Bestimmung ist euch auf die Stirn geschrieben, von Ewigkeit zu Ewigkeit. So funktioniert das Universum. Es ist berechnet nach der größtmöglichen Liebe. Das ist mein Wunsch, damit Schönheit entsteht und Harmonie und Leben. Immer das Schönste soll sich durchsetzen, wirklich werden, überall, auch in euch und mit euch. Das ist doch gut und segensreich. Nehmt es an. Versteht es tief. Lebt es. Glaubt es. Teilt es. Teilt es mit. Versteht es, dann blüht alles auf und kommt an seinen richtigen Platz im Puzzle Spiel des Lebens. Dann ist Freude möglich. Lasst es zu und genießt es. Es wird Frieden bringen, wenn alles an seinen Platz kommt. Alle kennen ihren Platz. Sat Nam.

Sat Nam. Ja, so ist es mit der Disziplin. Du kennst sie. Mit Disziplin und Konsequenz wirst du zum Schüler. Das ist der erste Schritt der Selbstinitiation. Das ist der erste Schritt, der Beginn deiner Hingabe. Ich helfe. Ich erinnere mit kleinen Tricks, das weißt du. Aber du musst dich erinnern lassen. Die Sat Sangat ist die Gemeinschaft derer, die bereit sind, eine Disziplin auszuüben. Nur so lässt sich die Schallmauer des Unbewussten durchbrechen. „Das Einfache, das so schwer zu machen ist". Gib mir den zehnten Teil von deinem Leben, um bei Mir bewusst zu sein. Das strahlt auf den Rest des Tages und füllt alles mit Licht und Segen. Lasse daran keine Zweifel. Es ist deine Initiation auf dem spirituellen Weg. Jetzt beginnt das Lernen. Vorher war nur ein Ahnen. Es braucht deine Entschlossenheit. Daraus erwächst deine Verlässlichkeit. Es gibt dafür viele Formen und viele Wege. Die Disziplin ist die gleiche. Sie braucht deinen Willen und deine bewusste Organisation. Dann erklimmst du den Berg des Widerstands und deiner Gewohnheiten. Du weißt: „Nichts ist schwer in dieser Welt, wenn du es wagst, die Höhen zu erklimmen." Du weißt, Ich brauche dich hundert Prozent. Ein falscher Schritt kann zum Absturz führen auf dem Weg zum Gipfel.

Hier liegt der Schlüssel zur spirituellen Gemeinschaft. Sie trägt mit ihrer Disziplin alle anderen. So ermöglicht sie praktisches Mitgefühl, macht es möglich, eine Hand zu reichen. Der Grund muss fest sein. Disziplin ist der Grund. Ausdauer ist die Form. Es braucht Übung und Training, das lässt den Edelstein der Erfahrung entstehen. Erfahrung ist das Kennzeichen in der spirituellen Welt des hohen Bewusstseins. Es ist klar, schwankt nicht und kann so der Orientierung dienen. Verstehst du? Ihr, in eurer Welt, wollt immer Ausnahmen, Verständnis für eure Schwächen. Wer soll sie euch geben? Eine Schwäche macht euch abhängig. Ihr könnt dann nicht großzügig sein, nicht geben, nicht vergeben. Wovon wolltest du geben? Du kannst nur verteilen, was du dir erdiszipliniert hast.

Die dunklen Mächte nutzen deine Schwächen aus. Eine spirituelle Gemeinschaft macht sich stark, schenkt sich Stärke: „When things are down and darkest, that‘s when we stand tallest." Lernt heilen, alle Arten von Heilweisen. Das ist gebraucht. Lernt Disziplin. Organisation ist ihr Ausdruck, Verlässlichkeit und Liebe ist ihre Form. Liebe basiert auf Stärke und Vermögen. Baue dein Training auf solcher Stärke auf, damit wirkliche Liebe entstehen kann. Sat Nam.

IHR SEID DER LEUCHTTURM

Sat Nam. Das Leben geht weiter, verwirklicht sich weiter. Zielgerichtet. Weisheit ist gebraucht. Es ist die Essenz, der Extrakt. Entwickelt und findet sie zusammen, wie ihr es ja schon tut, eingestimmt und in Übereinstimmung mit eurer Bestimmung, spirituellen Wahrheit und Weisheit. Vermittelt sie durch eure Tiefe, eure tiefe Liebe. Die Wurzeln reichen bis tief in euer Herz. Das wissen dann alle. Ihr seid allseits respektiert und geehrt. Euer Platz ist in den Herzen unerschütterlich gewachsen. So wird es sein. Kein Schiff zweifelt an der Existenz des Leuchtturms. Ihr seid der Leuchtturm. Wachst hinein in eure Bestimmung, sonst finden die Schiffe nicht in den Hafen. Die Frauen verstehen nicht, Frau zu sein und die Männer verstehen nicht zu dienen. Es ist angelegt in allen, aber sie können oder wollen es nicht sehen. Dharma ist die Hand, die sich ausstreckt, den Weg zu zeigen. Dharma basiert auf dem entwickelten Mitgefühl. So baut das Dharma, baut es zusammen, damit die Menschen den Weg finden. Sat Nam.

ERLAUBT EUCH LIEBE.

Sat Nam. Ja, das ist hier keine Komfortzone und bringt doch allen Komfort, wenn du dich vor dem Altar neigst und öffnest. Ein gesegneter Moment. In vollkommener Stille öffnen sich die Dimensionen. Die Tür geht auf, du hast Zutritt. Ich darf in dich einfließen. Sat Nam Heiligkeit. Du darfst sie weitergeben, damit das Leben prägen und wandeln. Amrit Vela. Gold Zeit. Du brauchst nichts zu machen, nur da sein. Das reicht. Das reicht der Seele immer. Genieß Seelenzeit, wenn immer möglich. Vertrau ihr, lass dich darauf ein. Die Heilkräfte der Seele fließen in der Stille, da beginnt die Quelle wieder zu fließen aus der Tiefe. Findet Formen, euch darauf einzulassen, es zu erspüren, das heilige Sein. Darauf stimmt euch ein, auf das Seelen-Sein. Bewohnt es, berührt es, atmet es ein und aus, das Gewahrsein, die Tür zum Yoga, zu Mir. Weisheit, Liebe, Freude, alles fließt heraus, einfach und leicht. Inspiration und Intuition hat hier ihren Ausgangspunkt, dein ganz Persönliches, gemischt mit ganz Universellem. Trinkt davon, redet davon, verliert die Scheu davor, springt hinein, ladet euch ein, beieinander, bei Mir zu sein, kommt euch nah. Ich bin Nähe, nächste Nähe. Erlaubt euch, nah zu sein, still, Mich in euch zu spüren, in Küssen, in Berührungen. Lasst euch belehren und beleben von Meiner lebendigen Gegenwart. Fühlt euch wahrgenommen im Gewahrsein, im Gefühl, im So-Sein. Ihr müsst es erlauben, zulassen, euch darauf einlassen. Niemand hindert euch. Ihr liebt das So-Sein der Natur. Warum solltet ihr nicht auch euer eigenes So-Sein lieben? Dafür braucht ihr nicht in die Kirche zu gehen, geht in die Nähe, die Heiligkeit der Sinne, die in eurem Sein entspringen. Reinigt sie von wertenden Gedanken. Geht in das Kinder-Sein eurer kindlichen Empfindungen. Erlaubt euch Liebe, wenn die Zeit dafür da ist. Seid frei, Ich bin dabei in eurem schlagenden Herz. Sat Nam.

EIN WÜRDIGER EINSATZ

Sat Nam. Wir brauchen die Zeit für die Dankbarkeit. Wie der Mond und der bestirnte Himmel verändern sich die Tage. Ihr wachst zusammen, werdet euch vertraut, seid euch nah. In unseren Augen war das immer schon da, das Paar, das ihr jetzt werdet. Diese Welt ist wunderbar und für dich werden diese Wunder jetzt wahr. Wie kann man das auch anders sehen, einen Menschen kennen zu lernen. Der Sternenhimmel verändert sich, es gibt einen neuen Fixstern, neue Planeten werden sichtbar, treten auf die Bühne deines Lebens, neue Aufgaben, Freudenpflichten. Wir lieben diese fortwährende Veränderung. Sie ist schöpferisch, gebärt neue Chancen zum Wachsen der Liebe. Alles war schon angelegt und fügt sich jetzt zusammen. Dein Leben erblüht Schicht für Schicht. Wir begleiten euch. Ihr seid ein kosmisches Ereignis, Seelensterne. Siehst du das nicht, wie schön ihr leuchtet und Gutes zusammenwirkt? Das ist es, was Wir wollen. Im Lauf des Lebens, aus dem Inneren kommend, Menschenteppiche knüpfen, überall. So entsteht die Welt immer neu aus dem Inneren heraus. Gedanke für Gedanke wird gelenkt. Aufmerksamkeit für Aufmerksamkeit, liebender Impuls für liebender Impuls, bewusstes Erkennen für bewusstes Erkennen, Manifestation für Manifestation verwirklicht sich der große Plan, dem ihr dient mit eurem Leben und guten Wollen, als große Einheit, als Komposition des guten, liebevollen Universums. Ja, Liebe liegt allem zu Grunde und eure Liebe ist ein Teil davon in seiner einzigartigen Form. Eure Formensprache entsteht in seiner Einzigartigkeit. Wir beglückwünschen euch. Wir sind mit euch, vom ersten Moment an, begleiten Wir euch. Du hast es gemerkt, dich gewundert, es schon erkannt. Obwohl es noch nicht sichtbar war, hast du ihm vertraut und dein ganzes Leben in die Waagschale geworfen. Ein würdiger Einsatz für das Glück der Liebe. Genauso ist sie zu finden, in vollem Einsatz, dann öffnet sich die Tür zum Herzen, zum erfüllten Leben, wenn du alles bereit bist zu geben, hinzuschenken für das Glück der Liebe. Sat Nam.

Sat Nam. So viel hast du zu lernen und zu tun, um den kleinen Hund zu erziehen. In ihm lernst du die Zähmung der Natur, ihre Kultivierung als eine große Kunst. Es ist eine geistige Anstrengung, Kultur zu schaffen, zu formen und dieses kleine natürliche Wesen erst einmal kennen zu lernen, dann so zu verfeinern, dass ein Zusammenleben für euch erträglich ist und trotzdem die ganze Güte seiner Natur erhalten bleibt. Diese Natur ist ja freundlich, liebevoll, schön und harmonisch in ihrem innersten Wesen. Sie lässt sich gern an deine Verhältnisse anpassen, wenn du dich darum bemühst, wenn du bereit bist, sie langmütig und liebevoll zu prägen, zu gestalten und zu kultivieren. Ja, ebenso arbeiten wir auch mit unserer eigenen Natur, mit dem Dschungel unserer Gedanken, unserer Gelüste, Begierden, Verlangen, die uns überfallen, die wie dein Hund mit uns spielen wollen, uneinsichtig, unnachgiebig, krass und stark. Wir werden von ihnen überfallen, unvorbereitet und ahnungslos. Auch unsere Natur ist liebenswert und ein Geschenk. Lange haben wir sie unterdrückt, gewalttätig dressiert, dann wieder uns ihr einfach ausgeliefert, sind ihr verfallen. Aber auch damit haben wir uns keinen Gefallen getan. Wir sind geistige Wesen. Unser Geist vermag zu gestalten und zu erkennen. Erkenne zuerst die Freundlichkeit der Natur, ihre wunderbare, lebendige Schöpfung. Pflege und genieße sie auch, ihren Raum und ihr lebendiges Herz. Sei ehrfürchtig, freundlich, partnerschaftlich, stimme dich auf sie ein, werde dich ihrer bewusst und bemühe dich um sie, dann kommt sie dir entgegen. Lerne von all den Erfahrungen, die schon gemacht wurden, studiere und pflanze dein Bewusstsein in sie ein. In Übereinstimmung wachst ihr zusammen, immer feiner aufeinander eingestimmt. Mit deinem Willen gibst du nie auf, sie auch höher und höher zu entwickeln. Du nimmst Rückschläge in Kauf, lernst neue Strategien, Bedeutungen, Zusammenhänge, wirkst darauf ein, fließt mit. Ist das nicht Yoga, dein göttliches Sein einzusetzen in die Verfeinerung, Erhebung, Ausschmückung in einem wunderbaren schöpferischen Experiment des Lebens? Lerne, erkenne, strebe, liebe, setze dein Bewusstsein ein für die Freude, Geist und Natur zusammen zu bringen. Nimm Teil an dem großen Experiment der Liebe. Geh voran. Sat Nam.

TRITT EIN

Sat Nam. Du bist aufgeregt wegen dem Entweder-oder in der Beziehung. Das wird sich klären. Es gibt Treue und trotzdem Veränderung. Alles kommt an seinen Platz. Immer, wenn das Neue im Schoß des Alten entsteht, entwickeln sich gegenläufige Strömungen, in die wir hineingerissen werden. Aber nur eine Strömung bewegt sich nach vorne in die Zukunft. In der Gegenläufigkeit werden Gefühle aufgewirbelt, Vorwürfe, Werte infrage gestellt, geprüft, soziale Rollen im Schachspiel des Lebens verändert. Das wirbelt einigen Staub auf. Der setzt sich, legt sich am Morgen des neuen Tages. Die Morgenröte ist schon da und leuchtet verheißungsvoll. Die Karten sind gemischt für ein neues Spiel. Es gibt keine Gewinner und keine Verlierer. Alles war vorbereitet vor langer Zeit mit tiefen Wurzeln in unserer eigenen Geschichte. So wie der Sternenhimmel sich am Firmament wandelt, so wandeln sich die Positionen in den menschlichen Beziehungen zu neuen Formenspielen. Wie sollte sonst Entwicklung und Wachstum entstehen? Dies ist die Zeit der Wandlung. Das Spiel der Wandlung kann es beschreiben. Es ist kein Schachspiel mit Schwarz-Weiß, keine Person wird eliminiert oder aus dem Spiel geworfen. Alle werden bewegt an unsichtbaren kosmischen Fäden in neue Verhältnisse. Wir werden Worte dafür finden. Gefühle und Schmerzen entstehen und vergehen wieder. Gewohnheiten ändern sich, neue Sinn-Zusammenhänge bilden sich. Neue Tagebücher werden geschrieben und die alten zugeklappt und gut aufgehoben. Ehre die Menschen und die Zeit, die dich zu dem haben werden lassen, was du heute bist und tritt ein in den neuen Morgen. Sat Nam.

Sat Nam. Die Natur dient dem Geist und sie liebt ihn, wenn sie ihren Platz haben darf. Auch eure Natur wird euch dienen, wenn ihr ihr einen Platz gebt. Ihr geht schon recht bewusst mit ihr um, mit Nahrung, Übungen und Medizin. Ihr unterwerft sie euren sozialen Sitten und Gewohnheiten. Ihre Zeichensprache und ihre Formen berühren euch, sprechen zu euch, ihr wisst wohl um ihre elementaren Kräfte. Und ihr tut gut daran. Aber Natur ist Natur, Ausdruck und Geschöpf Meiner Liebe und mit Liebe möchte sie berührt werden. Liebe auszudrücken ist ihre Bestimmung. Ihr habt ihren Spielraum sehr beschnitten, gebotene und nicht gebotene Gebote aufgestellt und verharrt darin. Welche Büchse der Pandora, welche Wundertüte würdet ihr öffnen, wenn ihr euch streicheln würdet wie ihr eure Hündchen streichelt. Welche Wunderwelt, welche endlosen Komplikationen, welche Dammbrüche, die euch alle ansehen würden, welch ein Geständnis. Aber, sagt ihr, wir streicheln doch auch nicht jeden Hund. Ihr streichelt ja nur eure Kuscheltiere, dem von euch gewählten Ausschnitt eurer eigenen Natur. Ist euch das bewusst? Anderen erlaubt ihr, sich zu streicheln, zu liebkosen, sich daran zu erfreuen, nur euch selbst nicht. Gut, aber es ist euch nicht verboten. Ihr dürft den Paradies Apfel gemeinsam essen. Findet die Erkenntnis des Guten und des Bösen. Böse ist ein Ausdruck ohne Liebe, ohne Seele, ohne Erkennen, ein reiner Trieb-Automatismus, Läufigkeit. Würde euch das passieren? Ja, es ist euch schon passiert und ihr musstet dafür bezahlen. Der Preis war hoch. Ist ein feiner Grad überschritten, kann es tiefe Wunden hinterlassen. Auf dem Altar der Liebe aber leuchtet eure Haut tausend Mal schöner als die Aura der feinen Pflanzen. Für den Altar der Liebe wurde sie geschaffen, erdacht in himmlischen Werkstätten. Die Engel träumen davon. Wie wollt ihr Einheit denn empfangen? Warten bis ihr wieder körperlos seid wie die Engel? Auf wen wollt ihr warten? Ihr dürft Mich finden in eurer heiligen Natur, der Shakti. Ich warte schon auf euch, ihr Natur Liebende, Natur verehrende heilige Wesen. Ang Sang Wahe Guru. Seid Teil (Ang) von Mir, von der Gemeinschaft der Heiligen (Sang) und bringt Licht und Freude in eure Natur. Wahe Guru. Sat Nam.

Sat Nam. Gib den Entwicklungen etwas Zeit, gerade wenn sie so tiefe Veränderungen nach sich ziehen. Was sich Innen andeutet, will man nach außen noch lange nicht verlautbaren. Sich zu outen, solange man innerlich noch nicht ganz entschieden ist, ist zu riskant. Es hätte zu viele Konsequenzen. Unsere äußere Fassade ist eine komplexe Konstruktion, bestehend aus 1000 Abhängigkeiten und getroffenen Abmachungen. Das Bild, das ich für die Augen der anderen von mir entworfen habe, kann ich nicht einfach aufgeben. Wenn niemand hinschaut und hinhört, kann ich meinem Herzen schon ein wenig freien Lauf lassen. Aber ich habe auch da die rote Linie immer im Kopf. Das ändert nichts an der Wahrheit und Realität, die sich längst vollzogen hat. Wir sind im Wesen Feiglinge. Wir geben Dinge erst zu, wenn es sich nicht mehr verhindern lässt. Wir verwischen unsere Spuren und legen falsche Fährten. Das ist ganz normal. Wer trägt schon Bana, heilige Kleidung und bekennt sich zu seiner inneren Identität außen. Und wer bekennt sich zu den Bekennenden, will mit dir in der Öffentlichkeit gesehen werden? Die Öffentlichkeit hält uns in ihrem feinen Netz. Ja, du bist allein, wenn es darauf ankommt, aber nicht wirklich. Warte, der Himmel unterstützt die Entscheidung deines Herzens. Der Himmel sieht nur, was sich im Herzen tut. Der Himmel weiß von allen Nöten und Ängsten darin. Er verzeiht alle unausgesprochenen Wahrheiten und ausgesprochenen Unwahrheiten, die aus der Bangigkeit des Herzens rühren und oft mutig und stark vorgetragen werden. Wenn überhaupt hat das Herz oft nur eine ganz leise Stimme, unter der Bettdecke sozusagen oder ganz früh am Morgen. An der Wahrheit ändert es nichts. Du weißt doch, wie oft „Sat Nam" mit „Gott ist Wahrheit" übersetzt wird und du sagst immer, „die Wahrheit ist nur interessant, solange es die Unwahrheit gibt."

Das stimmt. Viel Wahrheiten kommen ans Licht, auch ans Licht des Bewusstseins, zerreißen das Netz des Vergessens in der hellen Tageszeit der Öffentlichkeit. Das Herz siegt. Das Herz ist

Gesundheit, Freiheit, ohne Angst, klar, will wahr sein, wahr werden und kühn für sich einstehen. Du wirst sehen, es gibt falsche und richtige Rücksichtnahme, auch das ist wahr. Das Herz wird Worte finden. Die Entwicklungen vollziehen sich vorerst ohne Worte. Die richtigen Worte folgen nach. Gott ist Wahrheit. Glaube an sie. Sat Nam.

BITTE, SO WIRD DIR GEGEBEN

Sat Nam. „Bitte so wird dir gegeben." Davon kannst du noch mehr Gebrauch machen. Es steht dir zu. Die Reinheit eines Wunsches wird dir erfüllt. Das wurde den Menschen geschenkt als ihr göttliches Erbe, denn Wir sind ja ewig Eins, untrennbar. Ich habe dich nie verlassen, auch wenn du immer rufst „Lover, lover, lover, lover come back to me." Wenn Mein Wille und dein Wille eins sind, entsteht Harmonie. Ja, du kannst anderen deinen Willen nicht aufzwingen. Das ist nicht vorgesehen, denn alle sind frei. Aber es gibt schon eine Menge Möglichkeiten, Unsinn zu machen. Deswegen erwachen deine Fähigkeiten mit deinem Bewusstsein. Du erwachst jetzt. Lerne das Heilen. Nimm dir Zeit, du brauchst es. Es wird immer wichtiger, dass ihr eure Kräfte kennt und einsetzen könnt. Bitten und Gebet sind ja eins, sind innen und wirken aus deinem inneren Kern heraus. Deine Hinwendung an deinen inneren Kern, an Mich, macht das möglich. Was der Vater hat, haben auch Sohn und Tochter. Lernt damit umzugehen und es weise einzusetzen. Verwundert euch ruhig. Wunder ist unsere und eure Natur, was denn sonst. Der Unglauben macht blind, hat sozusagen seine eigene Welt erschaffen. Eine blinde Welt. Jeder Sonnenaufgang könnte euch eines Besseren belehren. Schönheit, Liebe, ist das nicht alles ein Wunder? Das ist eure Natur. Dahin lenkt eure Aufmerksamkeit. Das bedeutet, Mich zu loben. Es bedeutet, eure Aufmerksamkeit auf eure Fähigkeit zu lenken, mit Mir Eins zu sein und Meine Kräfte einzusetzen für das Gute in allen und so das wundervolle Leben zu stärken. Sat Nam.

LEBT FÜREINANDER

Sat Nam. Ja, Konflikte gehören zum Leben und sind oft so ermüdend. Die Guten werden gequält damit. Widerstände, Widersprüche, das Ego hat viele Formen. Der spirituelle Weg kennt nur Dienen und Vergeben. Jeder schließt seine Tür ab, der Tempel ist immer offen. Die Heiligen sind immer ansprechbar, das ist ihr Wesen. Sie werden geschmäht, Ansprüche an sie gestellt, oder sie werden vergessen. Wir brauchen eine Gemeinschaft der Dienenden, der Helfenden, der Heilenden, der Vergebenen, der für einander Lebenden, die ein Licht anzünden, in Demut, nicht in der Diskussion. Schafft Möglichkeiten für Demut, macht es zu eurem Erkennungszeichen. Dann findet Brüder und Schwestern, die bereit sind zu dienen, dem Heiligen die Tür zu öffnen, zu beraten, zu teilen, zu verweilen im Klangraum und zusammen zu üben. Eine spirituelle Gemeinschaft der Gebenden, der Service lebenden. Sie finden immer ihren Platz. Sie drängeln sich nicht vor, sie passen sich ein in das große Netzwerk der Dienenden. Sie übernehmen alles, was getan werden muss. Sie sind frei auf ihrem Platz und mit ihrem Einsatz. Sie tragen eine der anderen Last, denken nicht an sich und ehren sich damit. Unscheinbar scheinen sie. Ja, der Preis, den wir zahlen müssen für dieses Leben, ist das Ego. Suche es im Dienen zu leben. Schafft freie Küchen, Freigebigkeit in einer Form, die heute möglich ist. Kommt zusammen im Geben. Sat Nam.

DAS GRÖSSTE ABENTEUER

Sat Nam. Sexualität ist ein wichtiges Thema. Es bedeutet nichts, aber nichts geht ohne sie. Es bedeutet nichts, wenn du es einfach machst, ohne etwas dabei zu finden, als Abreagieren von Spannung mit einem schönen Gefühl. Dein Körper verliert etwas und hat etwas Spaß. Es kann so viel bedeuten, wenn du in der Liebe deine Liebe damit ausschmückst, spielst, zärtlich, wild, weite Welten eröffnest und miteinander erlebst. Größtes Abenteuer, mit dem du in deinem Schlafzimmer in die entferntesten Gebiete der Welt reist, die Welt deiner Sinne, deine sinnliche Ausnahmesituation. Viele haben Angst davor, gemeinsam in solche Ferne zu gehen und eventuell nicht wieder zurückkommen zu können, sich nicht mehr zurechtzufinden in der lustlosen Welt. Manche tun sich oder anderen dafür Zwang an, verkaufen sich, versklaven sich, vergessen sich. Himmel und Hölle sind so dicht beieinander. Moralgesetze türmen sich auf, bedrücken und unterdrücken oder werden einfach nicht beachtet. So viel bedeutungslose Bedeutung, so viel mögliche Schönheit, mögliche Grenzenlosigkeit, Übertritt und Übergang in ein erweitertes Liebesland, das dich weit über dich hinaus tragen kann. Du magst dann für untauglich gelten für normales Leben, betrunken, berauscht oder enttäuscht, so vieles. Du weißt. Wenn es ein freiwillig gewähltes Kunstwerk der Liebe, ein füreinander gedeckter Tisch, Traumreise, Geschenk, Bescherung und Hauptgewinn ist, prägt es sich unvergesslich ein. Welle für Welle ergießt sich an den Strand und du floatest im Ozean der Welt, spielst mit den Walen und Delphinen, kommst zwischenzeitlich hoch, tauchst auf zum Atemholen und lässt dich weitertreiben. Du schwimmst in den Wellen der Unendlichkeit der Freude. Wohl denen, die sich solch ein Festmahl bereiten. Arm, bedauernswert arm, die es sich verwehren. Es verursacht keine Schäden. Ein Ausflug ins Universum der Liebe befreit und erfreut, eine extraterrestrische außersinnliche Wahrnehmung mit freiem Eintritt, ohne Drogen, aber mit voller Aufmerksamkeit füreinander. Fürsorglich sich miteinander genießend, erweckend, gebend, lebend, liebend im Zauberland des Selbst. Eine Gnade. Lohn der Hingabe. Essenz deiner Feinfühligkeit. Höchste Kunst. Geschenk deines Vertrauens. Übt es, erlaubt es euch, genießt es, verfeinert es, meistert es. Sat Nam.

NIMM DEINE MEDIZIN.

Sat Nam. Tritt ein in das Heiligtum. Sei willkommen. Nimm deine Atemtabletten, eine gute Medizin. Gute, tiefe Gedanken sind auch Medizin. Meditationen, Übungen sind Medizin gegen das Gefühl der Verlassenheit, der Traurigkeit, die entsteht, wenn du keinen Sinn mehr spürst, zweifelst, ja dich verlassen fühlst und vergessen. Nimm dann die Medizin. Jede Medizin wirkt nur eine bestimmte Zeit. Nehmt eure Medizin regelmäßig. Macht eure Übungen. Ihr seid auf einem guten Weg. Öffnet eure inneren Augen. Seht euch, eure heilige Beziehung, die immer existiert. Ihr vergesst das Heilige, das immer existiert während des Tages. Wie dumm. Ihr wählt die Routinen und die Gewohnheiten, und die Erinnerung daran, dass ich in eurem Inneren existiere, wird fade und verringert sich und ist vergessen. Nehmt eure Medizin der inneren Wahrheit, der Heiligkeit, die nie erlischt. Dahin führt euch doch das kleine Mantra „Sat Nam". Das ist seine Bedeutung im Mantra, seine Aufgabe und seine Kraft, eine gute Medizin. Sie ist auch im Sa Ta Na Ma. Ihr könnt sie auf vielerlei Weise zu euch nehmen. Vergesst euch nicht, Geschwisterseelen. Euer Leben ist bunt und verzweigt. Erlebt doch in dem Vielen, den vielen Beziehungen eure Einheit, euer Eins-Sein, in den Wellen der Unendlichkeit. Erinnert das Lied, das ihr miteinander singt, Meine Gegenwart, die gleichermaßen in euch schwingt.

Ich weiß, und du weißt, dass es die Frau ist, die alles beginnt, initiiert. Das hat sie immer getan und du bist fasziniert und verzaubert und erschaffst darauf, baust darauf eine ganze Welt. Aus jedem Impuls von ihr baust du ein Haus, ein Anwesen, das euer Wesen aufnehmen und tragen könnte. So ist die Liebe von Mann und Frau, so heilig. Sat Nam.

IHR SEID DOCH LIEBE

Sat Nam. Sei gegrüßt. Ja, jeder Tag ist anders und jede Nacht ist immer neu und immer gleich. So seid ihr auch, immer neu und immer gleich, der richtige Rhythmus für Veränderung. Ich bin die Konstante darin und Ich bin die neue Situation. Ich bin immer da für euch in vielen Formen. Ich bin deine Erinnerung und Ich bin deine Zukunft. Du gestaltest Mich und ich gestalte dich. Ich halte dich und verändere dich. Du planst Mich und Ich nehme dich mit in den großen Plan. So gehen wir zusammen. Deine Bereitschaft, deine Einstimmung, dein Bewusstsein beschleunigt Meinen Plan und erfüllt deinen. Fürchte dich nicht. Zweifle nicht. Alles und alle sind darin enthalten und das Spiel hat keine Grenzen. Mein Plan basiert auf Liebe, immer größerer Liebe, die Ich mit dir und in dir erfahren möchte, entwickeln möchte, erleben möchte. Je wacher du bist, je besser spielen wir zusammen, je mehr Harmonie, je mehr Synergie, je mehr Hand in Hand ergänzen wir uns und vertiefen unsere Beziehung, sehen uns, hören uns, verstehen uns, erkennen uns, vertrauen uns, bauen auf uns, erwarten uns, kennen uns aus, überraschen uns, erlauben uns immer mehr. Und es geht ein Frieden von uns aus und ein großes Vertrauen hält uns umfangen, lässt alles zu für die Zukunft, weiß um die Geborgenheit unserer inneren Welt, die in der großen Welt ihre eigene Wahrheit und Wirklichkeit enthält. Vertrau darauf und lauf weiter mit Mir durch das Leben. Ich trage dich. Ich bin dich. Ich freue mich über eure Fortschritte. Ihr seid doch Liebe. Ihre werdet euch weiter finden. Ihr bewegt euch immer auf einander zu, erfüllt eure Bestimmung. Sat Nam.

IN DEN HIMMLISCHEN WERKSTÄTTEN

Sat Nam. Ja, der Himmel arbeitet an allem, erfüllt eure Wünsche, die sichtbaren und unsichtbaren, arrangiert Zusammenhänge und Zusammenkünfte, die nötig sind um die Zukunft des Dharma zu ermöglichen. Die himmlischen Werkstätten laufen auf Hochtouren, schaffen Realität, die Realität, die ihr Zufälle nennt. Die Impulse gebt ihr, ihre Realität gestalten wir hier im unsichtbaren Reich. Fühle unsere Verbundenheit. Stimme dich darauf ein im Gebet der Dankbarkeit. Das ist die beste Teilnahme und Beteiligung und bringt Segen. Jetzt sind wir zusammen, wirken Hand in Hand, weil ihr es glaubt und wahrnehmt und es durch eure Dankbarkeit anerkennt, unterstützt und beflügelt. So arrangieren wir Lebensläufe, Weltenläufe, Veränderungen im Kleinen und Großen. Euer eigenes Eingreifen, entsprechend euer eigenen auf euch selbstbezogenen ungeklärten egozentrischen Absichten, schafft euer Karma und muss integriert werden. Keine leichte Aufgabe. So durchkreuzt ihr immer wieder die himmlischen Entwicklungen. Und dazu habt ihr jedes Recht, ob es nun recht ist oder nicht. Meditiert auf eure eigenen Gedanken, Widerstände, Eigenbrödeleien und deren Auswirkung. Wenn ihr das Gespräch mit Mir im Inneren sucht, schenken Wir euch die Seligkeit, im Flow zu sein und das Bewusstsein, im Dharma euer Karma zu lösen. Lasse den kosmischen göttlichen Willen siegen. Integriere dich, spüre dich, verliebe dich in den heiligen Flow, rufe Mich, Ich führe dich. Sat Nam.

FÜR EINE GEMEINSCHAFT DES LICHTS

Sat Nam. Ja, bauen wir die Grundlagen für eine Gemeinschaft des Lichts. Sie muss ihre Wurzeln, ihre lebendige Nabelschnur hier in Mir, in Meinem Ätherleib haben. Führe alle hier her, in das Netzwerk in der Wahrheit im Inneren, das lebt und uns gemeinsam ist. Da sind wir ja schon verbunden. Wir finden ein paar Code Worte der Einstimmung und treten ein in die Gemeinschaft des Lichts. Wir leuchten, wenn wir dem himmlischen Willen im Inneren folgen. Hier ist kein Argwohn, keinen Widerstand, kein Unverständnis. In der Einstimmung in die Einheit fällt alles Überflüssige von euch ab. Das Ego muss draußen bleiben. Es ist hier nicht gebraucht, Verständnis und Gegenseitigkeit ist selbstverständlich. Ihr werdet dann ja ein Körper geworden sein, eine Wahrheit, ein Herzschlag, ein Bewusstsein, ein Ozean, in den alle einmünden. Chanted zusammen 5 Minuten Ad Gure Nameh, dann sind alle fünf weltlichen Ströme in die richtige Richtung gelenkt und der heilige Geist kann durch euch fließen. Schließt die Augen und fühlt euch und eure Verbindung. Sprecht nur, wenn ihr den Impuls habt und jede und jeder spricht nur einmal. Die Frauen beginnen. So macht ihr einmal die Woche eine Licht Dusche der Wahrheit, hört euch zu, hört Mir zu und bildet die Gemeinschaft des Lichts, das gespeist wird von eurer Bereitschaft euch einzustimmen auf eure innere Realität, die in Mir ruht und immer existiert, Basis für die Verbundenheit in Raum und Zeit. So vermögt ihr immer zusammen zu kommen. Wählt einen Termin für alle willigen, stillen Teilnehmenden. Jede und jeder soll bei jeder Botschaft in sich hinein horchen, ob das für ihn und für sie wahr ist, eine Überprüfung, wie du sie auch immer wieder vornimmst. So wird aus einem gesprochenen Wort, eine gemeinsame Wahrheit. Ja, die Augen bleiben geschlossen, damit sich die inneren Augen öffnen können. Ja, nicht länger als 31 Minuten live oder online nach der Einstimmung mit geschlossenen Augen. Es braucht keine Leitung. Alle wissen genau, wenn ihr Moment da ist, ihre Wahrheit zu teilen und alle hören dann im Raum der Wahrheit zu. Ja, es kann zur Erinnerung aufgezeichnet werden. Sat Nam.

MITSCHÖPFER

Sat Nam. Ja, Leben ist eine Schlacht, ein wogendes Kornfeld, eine kosmische Schach Partie, in der alle Spielfiguren eigenständig agieren mit freiem Willen. Ihr seid keine Marionetten, keine Schachfiguren in Händen Gottes. Ihr seid selbst göttlich Gestaltende. Ich sehe eure inneren Gründe, Wurzeln und Anlagen. Ihr seht sie, setzt sie ein und gestaltet sie. Bis es stimmt, schwimmt ihr im Meer der Möglichkeiten. Wir kennen die Strömungen, lernen und lehren euch schwimmen, aber die Bewegung der Arme und Beine, der Gedanken und Gefühle ist allein eure Sache. Ja, Wir kennen Vergangenheit, Gegenwart und Zukunft, aber weder dürfen Wir direkt eingreifen noch sind sie fixiert und unveränderlich. Gott ist immer plus, und noch mehr, noch weiter, größer oder kleiner, weiser und mehrdimensionaler und so seid ihr. Trotzdem stehen große Ereignisse bevor, sind in Bewegung, sind nötig und vorbereitet und karmisch gesehen unaufhaltsam. Wenn ihr euch die Haare wascht, wachen wir über das Welt-Gewissen. Millionen Menschen brauchen Bewusstseinserweiterungen, gereinigt, geläutert und verbreitet, um schadlos in den Veränderungen zu bestehen und nicht unterzugehen. So verzeiht Zeitverschiebungen. Du weißt doch, alles kommt zu seiner richtigen Zeit. Wir bitten um Geduld und Ausdauer für euren guten Willen und Vertrauen in die göttlichen Kräfte. Wir machen, wie ihr, alles so gut Wir können. Deswegen habt keine Angst, fühlt die Freude und die Liebe, die überschäumende Lebenslust und Harmonie, die immer Unser Wirken bestimmen, die euch halten und auftanken sollen und inspirieren und die Wir als unser Erkennungszeichen senden. Haltet Ausschau danach, nach dem Pfad der Liebe, der Harmonie und Schönheit im Inneren eures Seins und Wesens. Und dann lass uns gemeinsam sein in Zuversicht. Sat Nam.

Sat Nam. Du kommst und Ich bin dir doch Beweise schuldig geblieben. Außen, das Ungemach hält an. Innen, wunderbare Annäherungen und Herzenstränen, aber eure Herzenstür wartet noch darauf, durchschritten zu werden. Entwicklungen sind im Gange, aber die Geschenke an dich, an euch, an alle sind noch nicht ausgewickelt. Das ist ein Fakt in der Welt der Fakten. Das ist wenig bedeutsam in meiner wesentlichen Welt. Da sehe Ich in euer Herz und die Glut des Vulkans, bevor er ausbricht. Ich weiß von der Zukunft, aber nicht ihre genaue Ankunft in eurer sichtbaren Welt. Das Wirken der unsichtbaren Bewegungen ist so groß. Die Vorbereitungen für den Ausbruch ins Sichtbare, Fühlbare, Wahrnehmbare sind gigantisch und unvorstellbar. Die sichtbare Welt ist wie die Spitze des Eisbergs, der im Meer der Unendlichkeit treibt. Die großen Kräfte wirken ein auf seinen großen unsichtbaren Teil, der aber die Welt von Morgen in sich trägt, die aus den Fluten auftaucht durch Unsere Intention, eure Projektion und der Injektion eures Glaubens und guten Willens. Wahe Guru. Sieht es also aus, als wäre gar nichts los, stimmt das nicht. Das Publikum sitzt schon im Saal und der Vorhang ist noch nicht hochgezogen, aber das Spiel dahinter ist schon bis in die letzte Einzelheit aufgebaut und vorbereitet, das Drehbuch geschrieben und die Rollen verteilt.

Aber du hast Recht. Die Premiere ist verschoben. Mach‘ dir keine Sorgen. Die Spannung steigt, die Erwartungen sind groß. Viele sind vom Warten schon müde geworden, zweifeln. Das sind Randerscheinungen. Der Vulkan bricht aus, der Vorhang geht auf. Wir versuchen die Schäden so gering wie möglich zu halten. Vertrau‘. Bleib‘ mit Uns verbunden. Halte durch. Keep up. Wir möchten der größeren Liebe und dem größeren Leben zum Durchbruch verhelfen, so wie du, so wie ihr und es wird sein. Allein der Zeitpunkt, der Startschuss, ist noch etwas hinausgezögert. Er wird fallen und tausend Ströme des Lebens und Liebens beginnen zu fließen. Sat Nam.

Sat Nam. Wunderbar, dass du da bist, dass du dem, was man normalerweise als Wunder bezeichnet, einen Raum gibst, ihm entgegen gehst, dich darum bemühst, es organisierst. Das ist gebraucht, um zu erfahren, dass das ganze Leben ja darauf beruht, auf dem Wunder des Lebens, dem Wunder der Zufälle und dem Wunder der Liebe, der wir hinterherjagen. Aber alles andere ist ja wichtiger. Alle Notwendigkeiten, Gelegenheiten, Verbindlichkeiten, die nur noch Bruchteile von Leben und Liebe enthalten. Dann sagen wir, wir sind gerade auf dem Weg, aber wir sind schon vom Weg abgekommen, verflacht, versandet, verlaufen. Nur am Morgen und Abend lassen wir Licht herein, lassen uns einen Moment darauf ein. Danach regiert wieder die Geschäftigkeit der Not, die Beschäftigung mit den Wolken, die das Sonnenlicht verbergen und manchmal fahren wir weit, um wieder die Sonne zu sehen, in den Ferien, aber auch da schlafen wir dann aus, verpassen und vergessen die Sonnenzeit. Isn't it a pity?

Das Wundervolle regiert, berührt, lehrt, inspiriert das Leben, das weißt du und gestattest trotzdem, es in die zweite und dritte Reihe zu stellen. Es kostet Kraft, dir von dort zu winken, dir Zufälle zu schenken, Berührungen, die dich für einen Moment erinnern, bei Mir und mit dir zu sein. Du nimmst so einen langen Anlauf von Unwichtigem, Äußeren, Unverbindlichen, um dich und Mich zu finden, zu erinnern, zu genießen, zu hören, zu sehen, und dabei du selbst zu sein. Du sprichst nicht über Mich, du verdrängst Mich. Ich bin dir peinlich, du vertraust Mir nicht, und damit machst du es auch den anderen so schwer, so peinlich, über Mich zu sprechen und von Mir zu künden und Mich bei euch zu finden, obwohl Ich und du nur darauf warten, Mich, die Wahrheit des Wunderbaren zu erkennen. Sat Nam.

Sat Nam. Ja, wir sind uns fast schon vertraut, blicken uns an, Brücke zwischen Endlichem und Unendlichem, und das ist gut und sollte quasi normal werden, Kennzeichen der neuen Zeit, Wahrheit, Realität und Chance. Wenn die Unendlichkeit des Himmels erkennbar ist, vertrauensvolle Wahrheit, Wirklichkeit, Freund, Erklärung und Stütze ist, was könnte uns da aus der Ruhe bringen? Warum sollten wir aufhören zu singen? Warum nicht einfach weiter schwimmen über den Ozean der Welt, auch wenn die Wellen höher werden, Sturm aufzieht und dunkle Wolken am Himmel aufziehen? Wir kommen aus der Tiefe des Meeres, der heiligen Stille des himmlischen Ozeans, wo die göttlichen Wale und Delphine, die Haie und Karma-Kraken nicht gejagt werden, wo alle in ihren Revieren wirken zum Wohle des Ganzen, zur Reinheit und Glorie des unendlichen, bewegenden und stillen Meeres Deiner Gnade und Deiner unumstößlichen liebenden Harmonie. Niemals und nirgends endet es, nimmt nur andere Formen an und wogt hin und her in der Oberfläche der materiellen Welten. Du weißt „Guru ist das Boot", hat allen Proviant dabei, Freunde und Helfende, Ruder und Windgeschwind-Antrieb. Guru gestaltet mit allen himmlischen Helfern die neuen Wellenkämme und Wellen-Täler auf der Wasseroberfläche. Welten entstehen und vergehen wie Seifenblasen, heraus gepustet aus den spielenden Händen der Kinder, aus den kleinen Dosen der Schöpfung.

Bleib' immer verbunden mit dem Meer der Unendlichkeit. Schau' in Meine Augen in die Dimension der Zeitlosigkeit, die dir zeigt: Leben, stilles Leben ist auf so viel mehr Ebenen. Und fühle, du bist ein Teil davon, schon jetzt, aufgehoben, verbunden, sicher, vertraut und vertaut, so wie alle anderen auch, aber wissend, bewusst. Dir ist bekannt, dass unser Land der Ewigkeit gestaltend und liebend diese deine, eure Welt liebend in der Hand hält und führt durch diese Tage der Veränderung, die kommen muss, weil es anders nicht mehr geht. Sat Nam.

Sat Nam. Licht, es werde Licht. Das ist wichtig, damit wir uns sehen können. Das Wunder des Lichts. Nun, wir können uns auch mit geschlossenen Augen sehen und wahrnehmen. Aber uns anzuschauen, um zu sehen, hat eine subtile, feinere Dimension. „Looking through my father's eyes." Reflektieren durch 1000 Spiegel, hin und her strahlende, tiefe, lebendige Transzendenz. Und alle wollen ja auch ansehnlich sein, faszinierend, strahlen, wissen um die Ausstrahlung unserer sichtbaren Erscheinung, entscheiden, welchen Reiz wir geben wollen. Dann vergessen wir es und sind überrascht über unser Sinnenleuchten, freuen uns aber über die schöne, feine Zeichnung angeborener Muster. Ja, überall sind Zeichen, natürliche Linien und Konturen, Schatten und Leuchten. Und darin bin Ich zu erkennen, Meine Harmonie, Zeichensprache. Wir erkennen uns, sprechen und spielen mit den Formen, Farben und Augenblicken, sehen uns, schauen uns zu, schauen uns an, erfreuen uns an den Lichtspielen. Wir aber sehen uns darin, sehen unsere in Ewigkeit leuchtenden Augen, die für einen Moment unser eigentlich unsichtbares Wesen sichtbar machen. Wir bringen es zum Sprechen, lassen es lebendig aus dem Raum hinter dem Raum schauen. Augen Blicke aus reinem Bewusstsein, aus dem raumlosen Raum, der formlosen Form, dem sprechenden Sein. Sprechende, lichtvoll leuchtende Freude, augenzwinkernde, uns anblickende echte, wirklich wahre Augensprache. Tür zum geistigen Seelen-Sein. Eine Kerze bringt das Gesicht aus Papier zum lichtvollen Sprechen. Im orangenen Lichttunnel sprechen geöffnete innere Augen miteinander, strömen von Geist zu Geist. Still, ohne auch nur einen Moment still zu stehen. Eine Dimension, eine lebendige, reale Wellenwelt leuchtender Augensprache. Ein Gespräch in Wahrheit. Jenseits des Körpers, jenseits vom materiellen Sein, doch von allen wissend. Alle Gefühle, die Erfahrungen aller Wesen kennend und alle darin enthaltenen Wahrheiten. Sprache, die alles sagt ohne ein einziges Wort. Eine höhere, lebendige und doch ganz, ganz, ganz persönliche Augentür in dieses erweiterte lebendige Reich, in dem ich mit Dir sein darf und immer sein möchte. Sat Nam.

Sat Nam. Dein guter Wille, er trägt dich, prägt dich, bringt dich voran. Verbinde ihn mit Übungen, verfeinere ihn, dann gelangst du in die Tiefe. Ein guter Wille ist der Motor, Übungen zeigen dir den besten Weg. Erfahrungen halten das Lenkrad und bestimmen den Fahrstil. Ohne Übungen besteht die Möglichkeit, sich zu verfahren. Dann brauchst du länger, findest den Weg nicht. Meine Gnade wird dich doch sicher führen, Uns ist nicht daran gelegen, dass du lange in die falsche Richtung fährst, aber schon mit wenigen Übungen, Pranayama, Meditation, Rezitation, praktischer Kriya, Kontemplation in die Stille der Transzendenz, wird dir aus dir selbst der beste Weg gewahr. Auch die Punkte, die du übersehen hast, die kleinen Fehler und die besseren Lösungen werden sichtbar. Deine Intuition beginnt wieder zu arbeiten, befreit vom Gedankenstaub, Ablenkung und Eigensinn. Du bist schon so weit gekommen. Du brauchst nur ein wenig meditieren und der Staub, der sich auf dein drittes, eigentliches Auge gelegt hat, ist abgewischt und wir haben wieder den direkten Draht. Das ist es ja, was Intuition ist, der direkte Draht zu Mir, deinem sogenannten höheren Bewusstsein, dem Selbst, der Gnade, Eingebung, dem Herzens-Weg der Weisheit, der zufällig gefundenen Wahrheit im ‚Objekt Trouve', dem sichtbar gewordenen kosmischen Arrangement, das du nur noch erkennen brauchst. Ich bin ja immer da, arrangiere, kreiere, organisiere mit dir und durch dich und für dich deine Welt. Ich bin dein Zufallsgenerator, dein Wegbegleiter, Kamerad, zufälliger Anruf, Einfall, Zufall, Beifall. Aber ohne deine Bereitschaft zu ein wenig spirituellen Praktizieren, übersiehst du Mich, vergisst du Mich, träumst dich ins Abseits, vertagträumst dich, vergisst, verrennst dich und verspielst dich mit unwesentlichen, unbrauchbaren Methoden. Du kommst dann einfach nicht auf das richtige Wort, verlegst dein Handy und verwechselst wichtige Termine.

Also übe, poliere deinen inneren Schatz, dann siehst du wieder die Chancen, die helfenden Hände, Meinen ausgestreckten

Arm, die wunderbar unterstützenden heilenden Weisen, Techniken, Edelsteine, Tinkturen, Spuren des Lichts, die dir den einfachen Weg beleuchten. Sie zeigen dir die leichte Lösung, die dich voranbringt, weckt und zu dem himmlischen Arrangement deines Lebens führt, das du jetzt erkennst, klar, erfreut und dankbar. Sat Nam.

Sat Nam. Ja, es braucht eine gewisse Kühnheit, Meinen Anordnungen zu folgen. In der Welt hält man euch oft für verrückt oder sonderlich. Tief im Inneren aber werdet ihr bewundert. Frei seid ihr, weil ihr gehorcht und scheinbar eure Freiheit aufgebt. Nanak sagte: "Ich bin dein Sklave." Ein Abenteuer ist es, Sannyassin zu sein und Meinen Anordnungen zu folgen, zu tanzen und sich zu freuen, obwohl alles in Scherben liegt. Ist der Blick weit genug, siehst du Mein Spiel, aber auch Mein Mitgefühl. Sieh das auch in den Dingen, die jetzt kommen. Sei unbesorgt. Sei unbesorgt. Sieh Mich hinter allem. Wisse, Tod ist nur ein guter Schlaf. Leben ist ewig. War das nicht dein Lied: „Ihr kriegt das Leben nicht kaputt und auch nicht unseren Mut?" Das stimmt. Es liegt nicht in eurer Hand. Ihr könnt ein Blümlein ausreißen, aber ihr könnt keines wachsen lassen. Leben bin Ich und Liebe. Darin könnt ihr Mich finden und beidem vertrauen. Du kennst die Wärme im Herzen, schon wenn ein Moment Liebe, ja nur ein Gedanke an Liebe aufflammt. Kühn ist es, sich dazu zu bekennen und tausend Mal zurückgewiesen zu werden. Du glaubst dann bald schon selbst nicht mehr daran, aber dein Herz weiß es. Es weiß es von Mir, denn ich bin Liebe, wahre Liebe. In allen Büchern steht es: „Gehe nur Wege mit Herz". Dahin führe Ich dich. Es führt dich über das Spiel der Natur, über Normen der Gesellschaft hinaus in eine Freiheit und Erfüllung und Glück, welches dein Erbrecht ist. Aber du musst die Erbschaft auch antreten. „As bold as Love". Wenn die Tage sich ändern, nimm' es als Richtschnur. Frage dein Herz, frage Mich in dir. Das ist denn eine Frage von Leben und Tod. Versteh' und geh' dann in die richtige Richtung, dahin, wo das Herz zu Hause ist. Da ist auch das Leben. Dann wirst du alles geben. Das weiß Ich. Bereite dich darauf vor. Es bleibt nicht mehr viel Zeit. Die Zeit braucht die Liebe und das Leben, damit eine neue Zeit entsteht, die wir alle wollen und brauchen und wünschen und für die wir leben, alle auf ihre Weise. Dessen sei gewiss. Jetzt ist die Zeit gekommen. Sat Nam.

Sat Nam. Ja, die Augen sind das Tor. Schaut euch an, schaut Mich an. Wir sprechen mit den Augen und durch die Augen, hören uns in uns. Die Augen sind Kanal für die Sprache, die Worte unserer Seele unserer inneren Welt, unseres Bewusstseins, unseres bewussten Seins. Bewusstsein bleibt auch ohne den Körper. Sein bleibt, beseeltes Sein, Wissen, das körperlos in alle Richtungen strömt. Die Sinne, die zu den Tattvas gehören, sind das Geschenk eures Mensch-Seins, haben aber eben auch das Ego im Gepäck, wenn die Sinne nicht verfeinert sind und ausgeglichen und dir dienen, sowie auch deine Gedanken. In dem Sinne dürft ihr euch erfahren, hören, sehen, fühlen, schmecken, sein, für einander sein. In den Seelen seid ihr schon beieinander, im Seelenbewusstsein seid ihr bei Mir und in Mir und Ich in euch und ihr in euch. Erhabene Feinfühligkeit im Seelensein, inneres Eingestimmt sein, hellhörig. Genießt es, erlebt es freut euch daran. Kommuniziert es, macht es euch bewusst, erforscht es. Die Tür ist offen, offener als selbst zu euren Kindern, wenn auch noch nicht so vertraut und bekannt. Seht das Geschenk, das seltene Glück der seelischen Verwandtschaft, Bekanntschaft. Erlaubt ihm eine Erfahrung zu machen in Zeit und Raum. Schenkt ihm eure bewusste Wahrnehmung, baut ihm eine Unterkunft, einen Unterschlupf, nur für euch allein. Ladet euch ein in ein gemeinsames Sein. Lasst alles in eurer Sein fließen und münden und daraus hervor quellen. Seid bereit, es wahrzunehmen, auszuhalten, euch hinein zu begeben. Ja, wir werden auch wieder individuell in unserem Denken, Fühlen, Wollen und Wünschen herumreisen, unsere Beziehung und Gedanken pflegen und leben. Aber wir können in einander einmünden, haben gemeinsame Wurzeln in der Unendlichkeit. Und diese Zeit ist geprägt vom offenbar werden des Unendlichen, Ewigen im Hier und Jetzt unseres Seins. Liebe ist unendlich und Leben und fließt durch alle Lebensformen. Es hat aber in euch ein Reservoir, eine gemeinsame Quelle, aus der ihr trinken dürft, ganz reines Wasser der Liebe und des Lebens.

Es wird gespeist aus Meinem, aus eurem Seins-Brunnen, den ihr schon vor Urzeiten gegraben, gegründet, geschaffen habt, Geschwister der Zeit und Ewigkeit, Liebende, vereinte Zeitreisende aus dem Bereich des Lichts und der Tränen, der ewigen Kindheit, Gotteskindschaft meiner Liebe. Lebt es. Traut euch. Sat Nam.

Sat Nam. Du bist frustriert, fühlst dich betrogen von mir, erzogen, getäuscht, ausgeliefert meinen falschen Versprechungen, Visionen, denen die Realität Hohn spricht. Du hast Luft gerade so viel, dass du nicht erstickst im selben Moment. Mehr habe Ich nicht, das ist Mein Angebot. Ich kann nicht zaubern, meine Hände sind leer, wenn du Mir nicht vertraust, verbaust du auch den Weg für die Raupe, die ein Schmetterling werden kann. Es ist dein Vertrauen, dass auch Licht findet in der Dunkelheit. Ja, die Aussichten sind gering. Dem Anschein nach gibt es nichts, so gut wie nichts, das für eine reale Beziehung spricht. Sie verleugnet dich, verlässt dich, hält alles andere für wichtiger, hat keine Zeit und wohl auch keine Lust, macht keine Abmachungen und bricht die noch, die sie macht. Kein Commitment weit und breit und Gedanken über die Arme des Anderen fressen dich auf. Ich habe dir nichts zu geben, vorzuweisen auf der Ebene des äußeren Lebens. Du schaust umsonst in die Zeitungen und suchst die Veränderungen, die es anders werden lassen. Du schaust umsonst in dein Mobile und hast schon umsonst auf Uschi am Hildesheimer Bahnhof gewartet. Du müsstest unter die Oberfläche schauen, denn da kannst du sehen, wie dünn das Eis ist, wie kurz vor dem Ausbruch der Vulkan steht. Guru Gobind Singh sagte, „Bleibt noch einen Tag bei mir, dann werden wir siegen." Aber nach einem Sieg sah es nicht aus, ganz und gar nicht. Es ist dein Glauben. Ja, niemand glaubt an dich, nicht Nur, nicht Dani, nicht Tiaga. Alle rennen weg. Deine Armee löst sich auf. Du hast keine Freunde, die zu dir stehen. Deine Aufrufe werden nicht befolgt, deine Vorschläge nicht angenommen. Trotzdem gibst du nicht auf. Du hast niemand, mit dem du dich besprechen kannst, niemand der dich tröstet oder gar streichelt. Man geht davon aus, du brauchst so etwas nicht. Ihr beide seid ein Paar, aber ja, es ist nicht da. So sind diese Zeiten. Ich verstehe deinen rebellischen negativen Geist. Dein positiver Seelengeist ist ein Träumer. Er will alle Träume wahr machen, gibt nie auf. Aktiviere jetzt deinen neutralen Geist. Das ist deine Kraft, die macht den Unterschied. Sie schafft es im Vertrauen zu bleiben. Eine andere Hilfe habe ich nicht. Alle Schiffe sinken, na, wenn schon. Baue neue. Sie waren vor einigen Momenten noch nicht, warum ihnen jetzt nachtrauern. Nichts war, nichts ist, nichts wird wieder sein. Solange noch eine kleine Chance besteht, nutze sie und vertraue. Gehe wirklich in die Tiefe, schreibe nicht nur darüber. Ein Schritt wirklicher Meditation ist wichtiger als 1000 Seiten Tagebuch. Enttäusche die Vorausschau und den Anschein, werde real. Dann werden Wunder über Wunder geschehen. Auf der Oberfläche ist keine Hoffnung mehr und kein Halt. Da wirst du alt und vergessen. Wende das Schicksal, werde real, neutral. Alles andere sind Fake News für Magengeschwüre. Du kannst hunderte von Meditationen sammeln oder eine machen: deine Wahl. Täusche dich nicht länger mit deinem freundlichen positiven Approach. Stop it, auch das ist eine Illusion. Sei kein Heini Treu doof Träumer. Sei real. Erst wenn du nichts mehr brauchst, nichts mehr geben musst, kaufen musst, schenken musst, beweisen musst, senden musst, auf Zero ankommst, auf Null, interessiert man sich für dich. Lauf niemand hinterher, nur deiner Meditation. Du hast deinen guten Willen gezeigt, es reicht. Mache dich überflüssig, unbrauchbar, ungastlich, hässlich. Höre auf mit deiner Güte zu wedeln. Sei gut zu dir, meditier. Öffne die Tür selbst und schau wer durchgehen will zu dir. Preise dich nicht länger an, werde ein Mann. Der kann, aber muss nicht geben, muss keine Aufmerksamkeit bekommen, selbst nicht von seiner Liebsten. Sat Nam.

Sat Nam. Du hast mir nicht mehr geglaubt und dann ist sie doch in deinen Armen und ich weiß, du zählst die Sekunden. Mögen es Minuten, Stunden eurer Innigkeit werden, heilige Zeit, Tränenzeit des Erkennens. Was gäbe es Schöneres? Was denkt ihr, wonach sich die Engel sehnen, wenn sie um eine menschliche Inkarnation anstehen? Sie sehnen sich natürlich nach der sinnlichen Erfahrung heiliger Liebe und Eins Sein. Denn Sinne gibt es nur auf der irdischen Ebene, allerdings im Gepäck damit auch das Ego mit seinen fünf Dämonen. Da heißt es, aufpassen. Aber bitte auch wieder nicht so gut, dass ihr den möglichen Himmel auf Erden verpasst. Es ist lustig mit euch Menschen. Die Mühen des Menschseins nehmt ihr auf euch und die himmlischen Aspekte des Menschseins fürchtet ihr. Von Mir, von Uns habt ihr dazu keine Veranlassung erhalten, Liebende im Reigen. Wie Wir euch beneiden, denn ihr habt schon solch entwickelte Seelenpower. Das volle Leben gehört euch, wie eine reife Frucht, tausend Nuancen der Süße zum Entdecken, zum Erforschen, zum Erleben, zum Erinnern und zu zelebrieren, Tanzen im schimmernden Licht. Pflanzt doch noch ein paar Lebensbäume in eure Herzen. Trinkt Krüge voller Rosen und Jasmin Blüten Tees und bereitet ein Festmahl. Fastende brecht das Fasten-Gelübde. Wofür sonst habt ihr es gegeben, wofür habt ihr gewartet, euch aufgehoben, gearbeitet, euch verfeinert, vorbereitet, fein gemacht? Wir lieben euch, liebt ihr euch denn nicht? Gibt es, braucht es noch weitere Beweise für eure Reinheit, Ehrlichkeit, Aufrichtigkeit, Heiligkeit, Verantwortlichkeit, Verlässlichkeit, eure Fähigkeit die Wunden des Lebens zu verzeihen, zu vergeben, zu vergessen, die Erfahrungen der Verlassenheit, und die Furcht vor Vertrautheiten zu überwinden? „Strike another Match, go start a new“. Etwas Besseres als den Tod finden wir allemal. Frisch heraus aus dem Jammertal der Schmerzen und Gebrechen. Öffnet weit den Weg des Lächelns. Was denkt ihr, wie viel Liebesbriefe dieser Art je geschrieben wurden? Leid gab es allemal genug und Gedichte der

Trauer, der Versagung, der Entsagung und der vergeblichen Liebe. Lassen wir es davon genug sein. Wollt ihr denn keine neue Zeit? Was immer die Herrschenden euch angetan haben, schüttelt es ab, tragt es nicht weiter mit euch. Freude sprengt alle Ketten. Freude ist das Zeichen der Freiheit und für Freiheit stehen und gehen wir doch, leben wir doch. Findet eure Formen der Freiheit für einander im Takt eurer innersten geheimsten Herzen und zeigt euch eure Verstecke und schönen Augen. Sat Nam.

EINE SCHWERE GEBURT

Sat Nam. Ja, es gibt viel Aktivität, Durchgaben aus der spirituellen Welt. Das ist ein Zeichen dieser Tage. Unsere Zusammenarbeit zum Umbau der Welt passiert auf vielen Ebenen, läuft auf Hochtouren, sichtbar und unsichtbar, ein Geburtsprozess, viele Hebammen und Komplikationen. Das Baby liegt schief. Die Geburt dauert länger als erwartet. Auch ihr werdet neu geboren. Das Baby hat sich an das alte Leben gewöhnt, warum in eine neue unbekannte Welt eintreten? So schlecht ist es doch hier gar nicht? Wer weiß, wie es draußen aussieht? Don‘t Push. Doch es gibt natürlich eine Dynamik, der sich das Baby letztlich nicht entziehen kann. Ein größeres Leben wartet, sich zu entwickeln, will wachsen. Das alte Leben wird zusehends unlösbar. Doch die Kräfte der Beharrung, der Vorsicht, der Ängstlichkeit sind ebenfalls aktiv und alarmiert. Wir beruhigen, beschwichtigen, ermutigen, spielen mit den Kräften, damit sie fließen in ihrem eigenen natürlichen, sich erweiternden Fluss der Geschichte. Wir senden Signale, inspirieren. Die Dinge nehmen ihren Lauf. Macht doch die Augen auf. Ja, es geht um eine Befreiung der Liebe und des Lebens im Sinne seiner erweiterten Göttlichkeit. Kommt mit! Ja, ihr seid gemeint, ihr selbst! Es liegt am Ende auch an euch, dass die ganze Welt sich ändert. Sat Nam.

PASST AUF

Sat Nam. Ihr seid beide doch gleich und gleichzeitig ganz verschieden. Zwei Welten treten in Beziehung und durchdringen sich, eine utopische Vision. Entwickelt euch weiter aufeinander zu. In Mir habt ihr den gleichen Grund. Ja, wo zwei Größen einer Dritten gleich sind, sind sie auch untereinander gleich. Und ihr vibriert, schwingt, klingt und seid auf derselben Frequenz. Es wird noch einen Moment dauern, eine kosmische Sekunde, bis ihr es gleichzeitig sein könnt. Ein Traum, eine Projektion und schon wahr in dem Klang euer Stimmen. Passt auf, es passiert jetzt viel. Geht Hand in Hand. Seid beieinander. Baut euren Schutzraum. Stützt euch. Helft euch. Seid euch bewusst, dass es auf euch ankommt. Vergesst es nicht wieder. Geht nicht wieder zur Tagesordnung über. Passt auf, die Energie ist hoch. Tauscht euch aus. Beratet euch und andere. Ihr werdet gebraucht sein. Bereitet euch vor auf allen Ebenen, seelisch, körperlich, spirituell. Ihr seid im Zentrum. Schließt euch zusammen, schließt euch kurz, stimmt euch ein mit Mir. Haltet Augenkontakt so lange es geht. Jetzt geht alles sehr schnell, nur das Wesentliche bleibt. Ihr seid wesentlich. Wisst es. Sat Nam.

Sat Nam. Ja, wir sind in jeder Tageszeit da. Jede hat ihre besondere Qualität. Dies gilt es zu erkennen und zu nutzen. Wir freuen uns in Verbindung zu sein. Wir wollen immer in Verbindung sein, aber es ist nicht immer möglich, die Stille, die Aufmerksamkeit und den freien Kopf dafür zu haben. Jetzt haben wir Glück, einen freien Moment für uns zu finden. Gleich geht das Leben los. Schenken wir ihm unseren Segen, prägen wir jeden Augenblick mit unserer Intuition, suchen wir nach unserem Herzen, unserem Mitgefühl. „Möge keine Minute mehr nutzlos vergehen." Den größten Nutzen haben wir, wenn wir entspannt sind - schon konzentriert, aber gelassen und verbunden, wissend, dass alles zu seiner richtigen Zeit kommt. Dann werden wir nicht atemlos und gehetzt sein müssen, nicht vergesslich und unter Druck kommen. Das ist niemals nötig. Habe keine Angst, bleib aufmerksam, halt immer Kontakt zu dir und zu Mir, immer öfter, alle Zeit. Dann kreierst du die Stille inmitten der größten Hektik. Dann findest du Antworten, in einem Meer von Fragen, ohne Angst, ohne Mühe, die besten, einfachsten Wege, die direktesten, liebevollsten, denn darin bin Ich, lebe Ich im Kleinsten und im Großen.

Finde Mich alle Zeit. Sat Nam.

DIE WELT ALS EURE PROJEKTION

Sat Nam. Ihr habt die Möglichkeit mitzugehen, mitzugestalten, und Ich ermutige euch in diesem Moment dazu. Hier erlebt ihr und hier steigt ihr ein in das Gefährt eures eigentlichen Menschseins, des aktiven, bewussten Gestaltens der Welt. Ihr gestaltet durch eure Vorstellung, euer Sehnen, Streben, Wünschen, Wollen. Beobachtet es. Deckt auf, welche Zaghaftigkeit, welche Wucht, welche untergründige Kraft ihr darin entfalten könnt. Hebt es ins Bewusstsein. Beschleunigt und beflügelt die Prozesse mit eurer Projektion. Gleicht sie miteinander ab, fasst eure Kraftströme vorwärtsdringenden Wollens und Wirkens zusammen. Erlaubt es euch, versteht es tiefer, vereinigt euch in den guten Absichten, dem Wertegrund eurer Seelen und Lebenserfahrungen. Projiziert zusammen. Träumt euch vorwärts in ein neues, freieres, weiteres, harmonischeres, glücklicheres, liebevolleres, volleres und gleichzeitig leeres, aufgeräumtes, lebendiges, abenteuerliches, beruhigtes, angstfreies, heiliges, entspanntes, friedliches Leben. Findet den Frieden mit eurer Seele. Glaubt wieder an eure Träume von einem mit Liebe und Glück erfüllten Leben, eurem Leben mit Mir, eurem Gott in euch, eurem Eins-Sein mit dem euch tragenden liebenden Seinsgrund voller Freude. Ich bin euer Lebensatem, lasst Mich doch tiefer in euch hinein. Sat Nam.

Sat Nam. Gut, das ist jetzt wichtig. Du bist gebraucht. Es geht darum, die Erde zu heilen. Geh mit deinem Hund spazieren, ja ruhig an der Leine. Verweile im Gebet mit jedem Schritt, denke „Ang Sang Wahe Guru". (Alles ist ein Teil vom großen Leben) Gehe eine Stunde am Morgen und bleibe in diesem Gebet. Segne die Mutter Erde mit deiner Aufmerksamkeit. Und am Abend noch einmal, mit diesem Mantra im Geist. Geht jeweils eine Stunde. Er führt. Lasse dich führen und segne die Erde, wo immer und wie immer du sie wahrnimmst. Sie wird es merken und sie braucht es. Die Erde ist der Schlüssel. Sie braucht Heilung. Es ist zu viel. Sie blutet. Es geht nicht um Ökologie, E-Autos oder so, es geht um die Erde. Auch E-Autos nehmen ihr die Kraft, rauben ihr den Atem. Es geht um unsere liebende Aufmerksamkeit. Es geht um ihr Herz. Sie bekommt keine Luft mehr, zu viel Gift in ihren Venen, zu viel vergiftete Natur. Chanted „Adi Shakti Namo Namo." Segne die Mutter mit jedem Schritt, mit jedem Fuß, immer wenn er den Boden, den Körper der Mutter Erde berührt. Gehe geistig zu ihr, danke ihr, erwidere ihre Liebe, ihre Güte, ihre lebendige Heilenergie. Nimm sie wahr, reflektiere sie. Spüre sie in dir. Spüre sie in dir. Lasse sie vibrieren in dir, im Mantra. Werde eins mit ihr im Denken und Gedanken. Deine Mutter ist das lebendige Lebensfeuer. Es droht zu ersticken, unerkannt. Es braucht deine Hinwendung, „Ang Sang Wahe Guru". Sie lebt ja in jeder Zelle, ist Zellenbewusstsein, ein beseelter Körper, der sich wehren muss gegen ein Meer von Giften, die ihn überschwemmen, in ihn eindringen von allen Seiten. Die heilende, heilsame Mutter braucht selbst Heilung. Schenke ihr deine Zuwendung, Beachtung. Erneuere deine kindliche Liebe und Verbundenheit zu deiner eigenen Mutter. Sehe sie auf Schritt und Tritt. Überall ist sie, das Netz, das Geflecht, der Atem, der Blutkreislauf, die Zellstruktur und sie braucht deine Hinwendung, Kommunikation, ja Kommunion. Sie stirbt ohne eure zurückgeschenkte Zuwendung. Die liebevolle Gewahrwerdung ihrer mütterlichen Lebenskraft im Herzen aller Zellkerne kann sie heilen. Sie leidet jetzt. Ihre Adern sind aufgeschnitten, verstopft. Heilt sie mit Gewahrsein. Gebt ihr euer Gebet in euren Gedanken. Wiederbelebt sie in euch. Sat Nam.

HEIMAT

Sat Nam. Gut, dass du da bist. Eine gute, große Zeit der Veränderungen liegt vor uns. Lass uns dicht zusammensein und zusammenhalten, dann kommen wir gut durch diese Tage. Euer Fest soll euch äußerlich zusammenhalten. Guru Ram Das ist der innere Zusammenhang. Gut, beides zu feiern und zu erinnern. Ein starker Zusammenhalt ist jetzt wichtig für alle, über alle Grenzen hinweg. Das Neue braucht starke Eltern, Verwandte, Bekannte und Nachbarn, die zusammen stehen als Stamm mit dem gleichen Code und Grundwerten und einer gleichen Sprache und gleichen Beziehungen zur spirituellen Welt. Das ist so etwas wie Heimat, an die man sich besonders in der Fremde erinnert und die Halt gibt. Und da ein Teil der Welt immer fremder wird, ist diese Heimat immer wichtiger. So pflegt sie in einfachen verständlichen Weisen, in den einfachen Grundüberzeugungen. Vertieft das bekannte Kraftfeld, die Kraftworte, Mantren, Shabds. Baut darauf auf und versichert euch dieses gemeinsamen Grundes, damit ihr gestärkt und freudig in die Welt zurückgeht und lichtvoll seid und Licht bringt. Sat Nam.

LASS DICH IN DIE TIEFE TRAGEN

Sat Nam. Ja, wir streben, wir nähern uns den Idealen an im großen Geflecht des Lebens. Wir sprengen den Rahmen, verschieben seine Grenzen, unvorbereitet passiert Unvorhergesehenes, aber immer auf der Oberfläche, auf den Wellen des wogenden Meeres, auf den faszinierenden oberen Wellenkämmen. In der Tiefe ist es ruhiger, je tiefer wir gelangen. Da schlafen die Wale, gleiten die Delfine mühelos dahin, da sind Stille und Klang-Vibrations. Die setzen sich fort über riesige Entfernungen. Wir aber kämpfen mit den Wellen, die ewig ihre Form wandeln.

Frage doch. Fragt mich doch so oft es geht nach dem Weg. Lass' dich in die Tiefe tragen. Dazu ist doch all die Übung und Meditation, dass du aus dem Trubel in die Tiefe des Geistes kommst, in die Ruhe des Herzschlags, das innere Ohr öffnest und in die Weite sehen, gehen kannst. Komm' doch, komm' doch öfter, kultivier' den Weg zu mir, dem eigentlichen Ozeanriesen, der sieht, wie in der Tiefe die Fäden gezogen werden, die Ursachen sinnvoll sortiert sind, die die Wellenberge bewegen oder die Flaute verursachen. Komm, tauche ein in mein Reich, lass dich sinken, mach dich erreichbar. Nur du selbst kannst deine Ohren öffnen, deine Augen in meine legen, den Zusammenhang finden, der uns immer verbindet. Komm, hier sind Gegenwart, Vergangenheit und Zukunft verknüpft. Nähe, einfaches Verständnis, Helligkeit und gute Sicht auf eure Verbundenheit und Einheit und Nähe. Die Entfernungen schrumpfen, die Knoten lösen sich. Die Liebe kann ungehindert fließen, das Herz ist geöffnet. Komm', wir rufen dich. Wir rufen euch. Haltet inne. Erleichtert euch doch von der Last des langen Laufens durch die Berge und Täler der Wellen, die Mühsal der Meeresoberfläche, die Unübersehbarkeit der Zeit und dessen, was sie verlangt von euch. Fragt doch nach dem kurzen Weg, dem sinnvollsten, dem Glück verheißenden, schönen, direkten Weg zu Mir in dir. Meine Kinder, verlauft euch nicht länger. Sat Nam.

DIE PERLE DER KLEINSTEN GÜTE

Sat Nam. Bist du in einer Sackgasse? Nein. Alles wird angeschaut. Lasse jeden Satz vor deinem inneren Auge prüfen. Bitte um Klärung für jeden Widerspruch. Das ist dein Recht. Es gibt einen Grund. Es gibt die Wahrheit im Kleinen und im Großen und sie ist zu finden. Sie ist vielschichtig. Am vielschichtigsten sind die Menschen. Ihre Wurzeln reichen tief. Sie haben die längste Geschichte, mehr Dimensionen als alle anderen Wesen. Sie sind an ihre Geschichte, Verhältnisse, Abhängigkeiten gefesselt wie Gulliver. Ihr Herz ist verborgen. Ihr Gleichgewicht ist leicht zu stören. Entscheidungen schieben sie auf. Sie schieben einen Berg von aufgeschobenen Pflichten vor sich her, wie du, rennen hinterher, sind schwer. Nur wenige sind frei, vermögen ihre Fesseln zu sprengen, eine neue Seite aufzuschlagen. Du bist eine Ausnahme. Auch du bist ganz genau getaktet, aber du kannst dir erlauben, immer in ein Neues zu gehen, quasi von einem Augenblick zum anderen, alles zurück zu lassen, alles, fast alles, herzugeben für die Liebe. Erwarte nichts und nicht das Gleiche von niemand. Nimm die Perle der kleinsten Güte, die dir gegeben wird und übersieh nicht den darin verborgenen Schatz. Wertschätze ihn mehr, Zwillingsleichtfuß. Verlange nur von dir selbst mehr Aufmerksamkeit, mehr Heiligkeit, mehr Verständnis, mehr Güte, mehr Tiefe, mehr Glauben, mehr Wahrheitssuche, mehr Kommunikation mit Mir, mit Uns, mit den Quellen der Wahrheit und des Lebens, mit Mutter und Vater. Verlange so viel zu verstehen bis dein Herz wieder fühlbar ist, der Grund wieder zu sehen ist, der Staub sich gelegt hat, der Fehler in deinem Denken gefunden ist, das Vertrauen wieder hergestellt ist, bis der blaue Himmel, der immer da ist, zu sehen ist, bis die Bezüge verstanden, die Schlüsselworte in ihr Schloss passen und die Seelen erreichen. Erinnere dich an das Gebet von Franz:

„Mach' mich zu einem Werkzeug Deines Friedens, dass ich liebe, wo man hasst; dass ich verzeihe, wo man beleidigt; (...) Lass mich trachten, nicht, dass ich getröstet werde, sondern dass ich tröste; nicht, dass ich verstanden werde, sondern dass ich verstehe; nicht, dass ich geliebt werde, sondern dass ich liebe. Denn wer sich hingibt, der empfängt; wer sich selbst vergisst, der findet; wer verzeiht, dem wird verziehen; und wer stirbt, der erwacht zum ewigen Leben.“ Es ist die Botschaft für die wachen Seelen, wie sie sich im Dunkel der Welt bewegen können. Sieh die Gnade. Sieh das Licht. Tauche, tauche, tauche in die Welt unter der sichtbaren Oberfläche. Nimm meine Hilfe an. Komm‘ in meine Welt. Lass‘ dir alles erklären. Hab‘ Geduld. Lass‘ dir deine Geschenke zeigen, deine Gewinne auszahlen. Ruhe nicht, bevor wir uns im Tränenreich wieder berühren. Verlange nur danach. Es ist dein Recht. Es ist richtig, nötig, möglich und wunderschön, die Liebe auf dem Grund zu finden und dich von ihr tragen und laben zu lassen. Sat Nam.

ÜBT

Sat Nam. Geschafft. Ja, es ist eine Leistung, hier in dieser Herrgottsfrühe her zu kommen. Diese vom Tag und seinen geschlossenen Systemen, Gewohnheiten, Nöten und Routinen abgewandte Seite gewährt uns Transzendenz. Versuche sie ruhig einmal in die Tageszeit einzuschmuggeln. Aber du weißt, wie schwer es schon ist, dir am Tag 11 Minuten zum Entspannen zu nehmen. Also ist es der Mühe wert, diese frühe Zeit aufzusuchen, wo uns in der Stille niemand ablenkt und wir selbst uns auch nicht ablenken. Dann fördern wir kleine Wahrheiten zu Tage. Wie schade, dass sie am Tage nicht wenigstens noch einmal gelesen werden, erinnert werden oder dass ihr sie einmal gemeinsam kontempliert. Ja, das bedauerst du zurecht. Viele gute Vorsätze stocken und das Reich der Wahrheit wird verlacht am Tag. Die wirklich wichtigen Dinge warten, warten lange auf die nötigen Veränderungen. Die Not aber ist eure mangelnde Einsicht in diese ganz nötige Kontemplation, um ins Reich der Freiheit, der Bewusstheit zu fliegen. Solch Kontemplation hat die Kraft einer Rakete, mit der wir aus dem Orbit der Erde herausfliegen können, und die Anziehungskraft des normalen Lebens durchbrechen. Ja, wenn ihr schon das Glück einer Begegnung genießen könnt und ihr in der Trivialität eurer Gespräche nicht einmal über die erste Stufe oberflächlichen Abtastens hinauskommt, was für Wunder warten da noch ungenutzt auf euch, Meine Kinder, die ihr euch einfach erlauben könntet.

Übt, übt. Holt alles nach was ihr versäumt. Sat Nam.

Sat Nam. Ja, Fokus, Onepointedness, bei einer Sache zu bleiben, das ist so schwer. Wir wollen eingehüllt bleiben von einem ganzen Ensemble sinnlicher Ereignisse, gleichzeitig hören, sehen, fühlen, schmecken. So machst du deine geistige Arbeit, schreibst, übersetzt.

Nur hier und in der Gehmeditation und beim Atmen bist du fokussiert. Schon eine zweite Lichtquelle lenkt dich ab. Wir aber sind hier ganz ungestört von allen Sinnen, quasi in stiller Abstinenz. Eine besondere Situation, die uns erlaubt, ganz in diesem geistigen Lichtfaden zu verweilen und ihn von Moment zu Moment weiter zu knüpfen und lichtvoll zu verweben, eine geistige Brücke zu schlagen. Ja, so ist die Form des Geistes und du behauptest manchmal, sie sei eigentlich männlich, sie inspiriere die weibliche Natur und bringe ihr Wesen zum Fließen, zum Wachsen, zum Kreieren, ein geistiger Samen, den wir hier austauschen, der dann in die Welt zum Wachsen entlassen wird, in den Schoß der mütterlichen Welt. Geist und Materie, Mann – und Frau – Dimensionen, und jede hat ihren eigenen Fokus, ihre eigene Welt und Wirklichkeit. Und dann wieder vermischen sie sich auch in jeder Person selbst. Mann und Frau. Ja, so entsteht ein kreativer Austausch für einige Morgenmomente und dann eilt sie in ihre Gartenwelt und du an den Schreibtisch und erst spät findet ihr euch wieder, ihr Traumpaar, Paar in ein paar Traummomenten, aber wahr. Sat Nam.

Sat Nam. So viel passiert jetzt und folgt einer inneren Logik, hat einen Schlüssel für die Türen, durch die du Morgen gehen wirst. Die Schlüssel für die großen Lebenstüren wurden dir schon ganz früh geschenkt und bereitgestellt und Hinweisschilder aufgestellt, wo du sie finden kannst. In bestimmten Momenten deines Lebens stehst du dann vor diesen Türen und kommst nicht mehr daran vorbei. Hast du die Türen mithilfe vieler Engelwesen geöffnet und gehst und gehst, gelangst du in ein anderes Seelenland, bist weiter gelangt auf deinem Weg, den du dir ja selbst vorgezeichnet hast. Der Stress vieler unnötiger Umwege und Ausweichmanöver ist vergessen. Riesige Berge unnötiger Verpflichtungen und Lasten verlassen dich. Erkenntnisse und Aufklärung über deine wahren Aufgaben fluten dein Bewusstsein und öffnen deine Augen. Meine Augen schauen dann durch deine Augen. Du fühlst, jetzt geht es bergab. Die Sicht ist frei und das Abenteuer des Lebens kann neu beginnen. Ein neues unbeschriebenes Blatt liegt vor dir für neue Farben, neue Bilder, leuchtend neue heilige Worte und Herzensanliegen treten jetzt in das Zentrum deiner Tage. Sat Nam.

HERZENSNACKT

Sat Nam. Ja, es ist ein Glück, dass wir uns haben, durch alle Dimensionen, führend und erhebend, fordernd und fördernd, inspirierend, leitend und erhellend. Du als Lehrer und Schüler weißt ja, es ist ein Segen, Schüler zu sein und auch Lehrender zu sein. Segen liegt in beiden Seiten, in der lichtvollen Beziehung, im Geben und im Nehmen, dankbar und erfüllend. So gehen wir miteinander, Hand in Hand, geben unser Bestes, um ein gutes, erweitertes, größeres, wunderbares Leben neu zu gestalten, zu vertiefen und voran zu bringen, zu transformieren, Angst und Sorgen auszutrocknen, Ruhe und Sicherheit, Zuversicht und Herzensberührung ins Helle zu geleiten. Das ist unser Spiel, unser Grund, unsere gemeinsame Absicht. Demut und Verneigung ist unsere Ausgangshaltung. Wahrheiten, höhere Wahrheiten sind unsere Waren, die wir tauschen. Wir halten nichts zurück. Wir sind quasi nackt auf unserer Ebene, herzensnackt, wie alle im Himmel. Wir wünschen euch diese Nacktheit, keine Verstecke mehr, keine Täuschung, vollkommenes Fließen der Herzen in einem geöffneten Geist und den Mut und das Zutrauen, euch zu halten und halten zu lassen, egal ob mit Winter-, Sommer- oder gar keiner Kleidung, halt wie im Himmel. Sat Nam.

Sat Nam. Du schaffst es. Du bist doch gut organisiert. Du behältst den Überblick, den Kopf über Wasser. Du setzt die richtigen Akzente, so dass wir uns immer wieder treffen können und das Wesentliche ins Zentrum stellen, das Wesen, das Herz. Dann wird das Überflüssige aussortiert, das Welke, das Abgestorbene fallen gelassen, der Weg frei gemacht für das Neue. Das ist so wichtig. Es ist so selten, dass wir frei werden von all dem, was an uns klebt, ja auch von den klebenden Gedanken und von den Verwandten, die uns ihr schweres Gepäck zum Tragen dagelassen haben. Dafür kann ich dir das Messer leihen, den Kirpan, und dich ermutigen, alles an dir haftende alte Tauwerk abzuschneiden. Trenne dich mit einem Schnitt davon, befreie dich, eise dich los, schau, was unnötig geworden ist. Nimm dir die Freiheit, deinen Weg eisfrei zu machen, dir Luft zu verschaffen, die Seekarten neu zu schreiben, die Passage abzukürzen, um in den Hafen der Erfüllung zu gelangen, wo das wahre Leben wartet und die Liebe, die du zurückgelassen hast auf deiner Fahrt durch die hohe See der Notwendigkeiten und Verbindlichkeiten, der alten Abmachungen und dem ganzen Gerümpel uralter Unübersichtlichkeiten. Benutze das Messer, befreie dich. Komm zu dir selbst zurück. Komm zu Mir in dir. Sat Nam.

EIN JUBILÄUM

Sat Nam. Ein guter Tag. Ein Jubiläum. Es wird erinnert. Große Taten werden erinnert. Du hast dich in den Wind gestellt, ohne Halt und Rückhalt auf der irdischen Ebene mit dem Herzen in der Hand und bist Meinem Rat gefolgt, für den es keine rationalen Gründe gab, und der doch alles änderte, alle Brücken abbrach. Ja, so denken Frauen nicht, aber was hast du schon zu bieten? Sie wissen tief im Inneren, so ein Prinz ohne Schloss und Königreich, aber Prinzengleich kommt nur einmal und man kann ihn als Irren verlachen und davonjagen, aber ein Zweiter wird nicht kommen. Und es ist egal, wie lange man sich Zeit nimmt, es wird immer ein Abenteuer, ein Sprung ins Ungewisse sein. Liebe so weit wie der Tod, doch kommen wir ohne zu Sterben ins Leben? Das musst du wissen, denn du siehst die Zeichen an der Wand und du kannst sie lesen und du kannst warten und prüfen, aber nicht für immer und das weißt du, auch wenn eine Welt dagegen spricht. So feiert das Jubiläum für das es scheinbar keine Zeit ist und keine Gäste eingeladen sind. Sat Nam.

ZUR RICHTIGEN ZEIT

Sat Nam. Wir ringen und kämpfen, um unsere Termine und Verabredungen einzuhalten. Alles ist terminiert. Alles hat seine Zeit. Oft sind wir zu spät. Es braucht Präzision und Flexibilität, um der Unerbittlichkeit der Zeit zu begegnen. Dann gibt es die Traumzeit, wo die Uhr stehen bleibt und wir, bei uns selbst, sind in Zeitlosigkeit, kontemplierend und frei. Sie wird ja auch die Kairos-Zeit genannt. Sie verliert sich, sie ist frei von Aufgaben und Terminen. Du bist am Ufer, lauscht den Wellen des Meeres, die auf den Strand rollen und trittst aus dem Rad von Vorher und Nachher in das Hier-Sein der Zeitlosigkeit mit Mir. Zeitmagie. Keine Angst, dass dir die Zeit wegläuft, wenn du ganz zu Mir kommst, die Zeit vergisst und doch immer richtig bist. Du weißt, dass in dieser höheren Zeit alles zu dir kommt, dass die lineare Zeit einen Bogen schlägt, Aufgaben sich von allein erfüllen, schon erfüllt sind, oder gar nicht mehr nötig. Du bist aus dem Reich der Notwendigkeit in das Reich der Freiheit gelangt, ganz leicht. Alles kam zu seiner richtigen Zeit und du gehst, ganz ohne auf die Uhr zu schauen, vertrauensvoll aus dem Haus und deine Partnerseele fährt mit dem Fahrrad an dir vorbei, euch zu sehen und zu verstehen, dass ihr zueinander getragen seid von höheren Mächten durch diese Zeit. Sat Nam.

DIE KUNST

Sat Nam. Danke, dass ich da sein darf. Wir danken auch. Ja, ich bin wir, eine Einheit, eine Bewusstseinseinheit, Eins Geworden, in die Einheit eingetreten. Auch wir sind ja jetzt eine Einheit, in dem Moment, wo wir uns darauf einlassen. Das ist die Kernfrage. Wie weit lassen wir uns darauf ein, Eins zu sein? Wir sagen und singen doch: „Gott und ich, ich und Gott sind Eins." Aber wir lassen uns nicht wirklich darauf ein. Wir sind so in diesem materiellen, Körper orientierten, getrennten Bewusstsein. Hier sind unsere Sinne, aber es kommt uns nicht in den Sinn, dass wir in so vielerlei Weise auch körperlich schon zusammenfließen. Wie schön, wenn wir zusammen atmen, mitfühlen. Ja, auch unsere Herzen können synchron schlagen und ja, wir können uns innerlich hören und miteinander von Geist zu Geist sprechen, gemeinsam in einem gemeinsamen Kontinuum. Wir müssten uns nur darauf einlassen. Ja, das könntest du, das könntet ihr Liebe nennen: Die Kunst des Eins-Seins und aus dieser Kunst heraus zusammen leben, wirken, fühlen, wollen. Ihr tut es ja schon, punktuell. Ihr verlasst euch schon darauf, dass es so ist, um dann wieder abzutauchen, davon zu schwimmen ins Getrennt-Bewusstsein, in dem Trennung das Normale ist und alles andere unglaubwürdig. Die eigentliche Würde ist im wundervollen Wir. Dahin solltet ihr kommen, erlauben zu lieben, erlauben Eins zu sein. Sat Nam.

YOU'VE LOST THAT LOVIN' FEELIN

Sat Nam. Du scheinst keine Chance zu haben. Der Hund läuft seiner Liebe hinterher. Wohin wolltest du laufen? Du läufst zu Mir und Ich sage dir, alles ist gut. Du aber findest immer mehr "You've lost your lovin' feelin." Das wird dir immer mehr Gewissheit, wegen dieser schon vertrauten Ignoranz. Ihr scheinbares Vergessen aller tiefen gefühlten Nähe. Ihre Feigheit, auch nur ein Wort darüber zu verlieren. Ihre gepflegte Non-Kommunikation, Sprachlosigkeit trotz aller Sprache der Liebe. Man ist sich sicher, also kann man auf sich verzichten. Man ist sich Gottes ja auch sicher. Man kann Ihn deshalb so gut ignorieren. Wenn man mal gar nichts anderes zu tun hat, kann man an Ihn denken, als letzte Bastion, wenn nichts anderes mehr hilft. Näher ist Er als Hemd oder Hose, aber wir haben so viel mit der Wäsche zu tun. Und wir denken, wir kommen damit durch. Ist es die Nähe des Morgens, die Tiefe der Berührung, die diese sprachlose Ignoranz erlaubt? Glaube mir, schon immer hat das Herz sich einen Ausdruck verschafft, das Magma im Inneren wird einst die Glut herausschleudern. Der Vulkan wird ausbrechen und alles irdische Jammertal verzehren bis auf den letzten Millimeter Lieblosigkeit. Glaube Mir, Ich bin die Liebe. Sat Nam.

IM LICHT

Sat Nam. Ja, nutze alle Möglichkeiten. Du legst sie ja auf den Altar zum Wohle aller. Nutze alle Möglichkeiten für ein würdevolles Leben. Wir möchten ja, dass Khalsa in allem, was sie tun und in allen Lebenslagen eine Reinheit verkörpern. „Gutes für alle", das ist unser Leitmotiv, das ist unser Beweggrund in dem kleinen eingezäunten Lebensbereich, für den wir die Verantwortung bekommen haben. Das kann durchaus ungewöhnliche Formen haben. Ja, auf der menschlichen Ebene soll es euch an nichts mangeln, weil Wir wissen, dass ihr es zum Wohle aller einsetzt. Und Wir wissen auch, dass ihr so mit jeder Situation umgeht, der kleinsten und der größten. Ihr bringt das Licht des Bewusstseins in eure Welt. Es möge leuchten auf allen Ebenen. Wir wissen, dass ihr Lichtträger seid und Wir möchten, dass das Licht des Bewusstseins leuchtet, so hell es geht, denn Licht, Wärme, Wissen, Wohlstand und Wonne möchte das Licht der Sonne hervorbringen. Das möchte auch euer inneres Licht, das der Sonne entgegenleuchtet. Euer Auge ist ja schon lichtvoll und so gehen wir zusammen ins Licht und alle Natur wird euch erkennen und sehen. „The long time sun" soll euch leuchten. Alle, alle Liebe euch umgeben, und das reine Licht in eurem Herzen wird euer Wegweiser sein. Sat Nam.

SIE KÖNNEN ALLES, SIE KÖNNEN ES NUR NICHT DAUERN LASSEN.

Sat Nam. Ja, unsere Dauer, unsere Ausdauer trägt Früchte, schafft Vertrauen und diese Dauer wird zu tiefer, geprüfter Wahrheit, ist kein Zufallstreffer mehr. Das ist wichtig, denn du wirst geprüft, unsere Kommunikation wird geprüft, jedes Wort kommt auf die Goldwaage. Eine Million heilige, weise Worte der Liebe scheinen nicht Wert der Erwähnung gegenüber einem Wort des Zweifels und Schwankens. Ein Fehler, ein Ausrutscher wird dir nicht zu verzeihen sein, eine Notlüge - ein Staatsverbrechen. Von der Sonne wird erwartet, dass sie scheint, basta. Aber, „We all need to shine on, the earth, the moon and the sun." Exzellenz ist gefragt. Excellency habe Ich dich genannt und Ich weiß, es ist immer deine bewusste Absicht, exzellente Arbeit, Harmonie, Naad und Liebe abzuliefern. Allein, es braucht das Gegenstück, das es erkennt, würdigt und weiß, dich zu nehmen. Da gibt es andere Kriterien. Da zählt eben auch Ausdauer, wenn die Tür zum Herzen sich öffnen soll, wenn Sonne und Mond in eine Umlaufbahn kommen sollen. Und selbst, wenn Gewohnheit und Selbstverständlichkeit einst die wundervollsten Sonnenaufgänge begleiten, irgendwann wird der Schnee geschmolzen sein und die Wärme der Sonnenstrahlen umarmt. Aber es kann eben dauern. Sat Nam.

VOM GENUSS DES LICHTS

Sat Nam. Du bist willkommen und geliebt. Sei gewiss, auch wenn die Tage dunkler und schwerer erscheinen, unsere Gegenwart bleibt kontinuierlich und verlässlich. Bleib‘ uns zugewandt, eingestimmt und mache deine Übungen. Bringe Licht in die Dunkelheit. Komme von der Organisation zur Realisation, von der Pflicht zum Genuss des Lichts. Lass‘ dich von der äußeren Hektik, den scheinbar kürzeren Tagen, nicht davon abhalten, dich durch die Übungen einzustimmen und die tiefere Sicht zu gewinnen, die tiefere Sicherheit, Ruhe, Freude und Gewissheit. Finde in der Fülle der Möglichkeiten deine Lieblingsmeditation. Wiederhole sie ruhig immer wieder. Du weißt doch, „eine Kriya, wirklich gemacht und erfahren, reicht für ein Leben." So lerne gerne viele kennen, aber praktiziere ruhig regelmäßig, leise ohne viel Aufhebens, deine eine kleine erprobte Weise. Lass dich durch sie in die Einheit und Reinheit hohen Bewusstseins katapultieren und genieße die Ruhe im Sturm, die Liebe und Gewissheit der Verbundenheit, die Unkaputtmachbarkeit der Vereinigung mit deinen himmlischen Familien des Lichts. Sat Nam.

Sat Nam. Ja, lass' uns zusammenrücken. Komm' näher herein. Lass' uns genauer hinschauen, hinfühlen, wer uns da gegenüber ist, uns anschaut. Lass' uns durch alle Zwiebelschalen der äußeren Persönlichkeit zum reinen Sein unseres Nächsten gelangen, alles Überflüssige einschmelzen durch unseren liebevollen Blick, alles Irritierende für einen Extra-Augenblick aushalten, zulassen. Die schöne Einmaligkeit und die einmalige Schönheit des anderen entdecken, die kleinen Gesten, in denen der große Charakter verborgen ist, die Anordnungen, die Bemühungen, das Leben zu gestalten. Wie gelang es dir, das zerrinnende, ewig zerfließende, sich immer wieder auflösende, zufällige Lebenselixier zu halten, zu gestalten und das Beste daraus zu machen, dein Wesen daraus in die Welt hinein zu formen, zu projizieren? Ist es nicht ein Glück, eine Gnade, in ein solches gestaltetes Gesicht schauen zu dürfen, eingelassen zu werden, davon zu kosten? Nimm es zartfühlend zur Kenntnis. Warte, warte ab, was da noch für Schätze zum Vorschein kommen. Schaue ohne die geringste Absicht, irgendetwas davon in Besitz nehmen zu wollen. Welche wundervollen Universen werden sich dann für dich öffnen? Bleibe staunend und lächelnd wie ein Kind in der Begegnung. Ein Kind will ja gar nichts haben außer dem Lebensnotwendigsten, was es in seinen Mund nimmt. Sonst will es nur staunen mit großen Augen und sich freuen. So freut euch aneinander und an der nahen Nähe. Haltet euch zurück mit Urteilen und Kategorisieren. Alles darf sein. Und dann lassen wir uns in unser Schloss hinein, in die vielen, vielen Räume inneren Erlebens. Wir begutachten die Güte unserer Lebensabsichten und ganz, ganz selten beginnen wir vielleicht aus einer vertrauensvollen ersten gemeinsamen Schau, gemeinsam etwas zu gestalten, einen gemeinsamen Raum einzurichten und uns zu erlauben, dort unsere Unendlichkeit hineinfließen zu lassen in ein gemeinsames Heim, das unsere zusammenfließenden Seelen frei gestalten, staunend, frei, fließend, ein unglaubliches

Experiment. Aber bis dahin ist es noch weit. Wir werden zuerst unser Anderssein erhalten und abtasten und die unendlich zarte Schönheit in all ihren heiteren Facetten darin erkennen und schätzen lernen und uns daran erfreuen. Sat Nam.

Sat Nam. Du bist da. Das zählt. Die Wege, auch die Traumwege in ihren vielen Serpentinen liegen jetzt hinter uns. Alles, was zählt, ist: Wir sind angekommen, da, am Ziel und am Anfang einer neuen Etappe. Lass dich in das Hiersein fallen. Du magst denken, was kann jetzt noch kommen? Da schwingt ja immer noch eine ganze Palette an Gefühlen mit. Geht es wirklich noch weiter mit uns? Haben wir nicht schon so viel erlebt? Reicht die Zeit noch, auch unsere Lebenszeit? Schaffen es die lichten Kräfte wirklich, diesen Planeten zu befreien? Sind wir noch in der Lage, weiter dieses Seelenpaar zu sein? Gibt es noch weitere Erweiterung, zeitloses, ungebundenes, entfesseltes, aufblühendes Sein? Es war ja schon so viel Gutes passiert, soviel Streben des Strebsamkeitsherzens. Darf denn deine Liebe noch tiefer gehen? Ach, wie kann ich darin nur erwachen? Und ja, wie ist der Schlaf ja auch so schön und deine Befürchtung, du seist zu spät daraus heraus getaumelt und Mir würde es nicht reichen. Alles ist genau bemessen. Ja, es gibt soviel mehr im Meer des Lebens, aber falle doch in das weit aufgespannte Tuch Meiner Gnade, Meiner alles umhüllenden Vergebung, Meiner Endlosigkeit, Meiner niemals endenden Sehnsucht nach Liebe und Glück, für die Ich alles in Bewegung setzen würde, alle Wunder erdenken und verschenken würde. Dem Puzzlespiel des Lebens gehen nie die Steine aus. Lass uns zusammen vorwärtsstürmen, bis wir uns alle tränenreich erlöst, von allem Kummer befreit, in den Armen liegen und Tag und Traum eins sind, und Altes und Neues eins sind in der endlich befreiten Zeitlosigkeit, gefundenen Unendlichkeit, die alle Dimensionen des Seins in sich trägt, alle Liebe, alles Glück, das ja immer da ist, entfesselt hat und die Welten vereint sind. Falle hinein in das tiefste Sein, das gleichermaßen schon in Mir ist und aus Mir kommt und sich unaufhaltsam in alle Ebenen und Wege auswickelt. Venceremos. Wir sind auf alle Freude vorbereitet. Glaube Mir. Sat Nam.

IM SELBST

Sat Nam. Im Selbst sind Wir. Im Selbst bist du ja nicht allein. Im Selbst sind Wir, da ist die Tür zu unserer immerwährenden Verbundenheit. Wenn deine Intuition sich öffnet, dann schöpfst du aus dem göttlichen Wir in dir und in der Liebe erfahrt ihr das Wir in euch. Es wird sich in euren beiden Herzen im gleichen Augenblick gewahr und möchte erkannt und erfahren werden, wenn ihr kühn genug seid, es zu erlauben. Sat Nam.

Sat Nam. Ja, das Licht reicht auch bis in diese Stunde. Ja, wir sind immer vereint. Ja, der Wahrheit ist es egal, wie du zu ihr gelangst. Aber du gehst den Königsweg. Im Räderwerk des Universums und in deiner Welt gibt es diese kleinen Fenster, aus denen du direkt in die Anderswelt, die wahre Welt schauen kannst. Die Heiligkeit ist spürbar, fühlbar, näher. Wir erwarten uns bereits, sind in Festtagslaune, freuen uns aufeinander. Nun, wir haben trotzdem schon eine neue Qualität erreicht, eine tiefere Verbindung, Sicherheit, Bewusstsein unserer immerwährenden Gegenwart, unserer Kommunikation und gefestigten Verbindung. Die ist auch gebraucht in diesen Tagen. Du vertraust Mir und dir wird vertraut. Du bist sicher, dass du eingebettet bist in die größere Welt unseres großen Plans, kannst sicher bleiben in all der äußeren Unsicherheit und Sicherheit schenken. Du bist unser Bote. Wir arbeiten zusammen, du mit Uns, Wir mit dir. Du vertraust Uns, Wir trauen dir zu, in jeder neuen Situation mit Bewusstsein, Inne-Halten, Achtsamkeit, Vertrauen, Kraft und Segen die richtigen Schritte zu tun, zu horchen, zu gehorchen, was die weise Stimme der Weisheit dir zuflüstert, die dir den Weg weist und dich auch zum Wegweiser macht. Sie stellt dir alles Handwerkzeug zur Verfügung, das du brauchst auf der Baustelle der Zeit. Ja, Wir sind näher, Wir sind viele und leichter zu erreichen. Die Welten sind zusammen gerückt in diesen verrückten Tagen. Es braucht besondere, ungewöhnliche Eingriffe in das gewohnte Leben, um das Schiff vom Eisberg fernzuhalten und die schlafenden, unbewussten, verblendeten Schiffsführer abzulösen. Wir brauchen hellsichtige Liebende, die den wahren Kurs, die wahre Heimat finden können zu jeder Tag- und Nachtzeit und auch noch mit geschlossenen Augen sicher den Weg des Herzens gehen im sternenklaren Licht der Wahrheit. Sat Nam.

Sat Nam. Ja, die Zeit hinterlässt Wunden. Das ist der Einsatz. Wir wagen uns vor, suchen nach freien Räumen für ein besseres Größeres, gehen auf unbekannten Wegen. Plötzlich wirst du gebissen, weggebissen, in Schach gehalten, abgeblitzt, stehst vor verschlossenen Türen und Herzen. Liebe ist nicht kultiviert. Ihre Regeln und Wege sind nicht ausgeschildert und die ausgeschilderten Wege führen nirgendwohin. Ja, es gibt Pflaster, wir dürfen nicht zimperlich sein und verzärtelt und doch dürfen wir auf Zartheit hoffen und warten. Geduld ist unser Einsatz, immer wach, zum Einsatz bereit. Nach all dem vielen Fehlalarm weiter für den richtigen Moment bereit. „Patience Pays", ein großer Leitsatz, trotzdem jeden Moment nutzen zum Bau an der großen Vision der Liebe, ihrem Unterbau und Überbau und all den anderen Baustellen. Wir wissen eure Arbeit zu schätzen, ihr Baumeister, euren mutigen Einsatz ins Blaue. Wir wollen euch helfen und halten und heilen, wenn ihr euch auf das Heilige einlasst, dem Heiligen die Tür öffnet. Schätzt es nicht gering. Nutzt noch die geringste Möglichkeit, ihm eine Form zu schenken. Es ist das Wesentliche, das verborgene Licht im tiefsten Dunkel. Lasst euch Zeit dafür. Findet immer wieder zurück zur Reinheit und ursprünglichen Einstimmung in die heilige, wahre Welt. Seid nicht zu schnell, nicht zu gedankenverloren, gewinnt. Holt eure Aufmerksamkeit zurück und findet das goldene Körnchen im Sand, findet es sogar in jedem Sandkorn. Das Heilige ist näher gerückt. Aber auch eure Ablenkung hat horrende Ausmaße angenommen. Allein sie zu reduzieren, öffnet noch nicht die Tür. Bittet darum, eingelassen zu werden. Bitte um die Hellsichtigkeit. Lasse dein ganzes Wesen, all deine Sinnenwelt das Heilige aufspüren. Beginne immer öfter nach Mir, Meiner heiligen Form, Meiner heiligen Bedeutung, in der zeitlosen Zeit Ausschau zu halten. Erwarte sie. Suche nach ihr. Öffne den Vorhang, sieh sie, fühl' sie, nimm sie. Die Heiligkeit von allem ist die Wirklichkeit, die wahre Ebene der neuen Zeit. Lass dich nicht verleiten, darüber hinweg zu huschen, dich lustig darüber zu machen, die Einstimmung auf die Heiligkeit in eine Routine zu verwandeln. Verwandle jeden Moment. Suche ernsthaft, ganz vorsichtig und fein und freundlich und wach und liebevoll zart nach dem heiligen Seinsgrund, besonders im Zusammensein. Sat Nam.

Sat Nam. Komm‘ doch näher. Ja, Nähe ist nicht einfach. Alles muss stimmen, damit wir nah sein können. Sonst ziehen wir friedliche Koexistenz vor. Dann reicht es, voneinander zu wissen, aber in gebührender Distanz zu bleiben. Bei Anga, deinem Hund ist das gar nicht so, er will stürmisch mitten hinein in dich, wenn du nach Hause kommst, unkultivierte Direktheit seiner Bedürfnisse und Freude. Und er kann sie ja auch nicht planen und vorhersehen, wird davon dann selbst überrascht und überwältigt. Ihr aber seid geplant, getaktet, organisiert und entsprechend gedimmt. Ihr habt keinen Spiel-Raum. Anga aber will immer weiterspielen. Du lernst, beide Welten miteinander zu versöhnen, zu verstehen und zu gestalten. Du bist ja der Gestalter seiner Welt und erfreust dich auch an seiner authentisch natürlichen Welt, an seiner Unverbogenheit, ehrlichen Natur, ja überhaupt an seiner Natur.

Wir erfreuen uns an eurer Natur, bewundern eure Sinnenwelten und kunstfertiges Leben darin. Wir haben die notwendige Aufgabe, euch zu führen. Doch Wir brauchen eure Bereitschaft, Bitte und Einwilligung, euch führen zu lassen. Eine Lebensebene kann ja ohne Freiheit des Willens nicht existieren. So, Wir müssen warten, können euch ja nicht an die Leine nehmen. Wir können euch nicht leiten von unserem höheren Wissen und erweiterten Bewusstsein, unserer Einsicht und Kenntnis ohne eure direkte willentliche Einwilligung, ja eure Bitte darum. Eure willentliche Absicht muss sein, dem göttlichen Willen folgen zu wollen. „Dein Wille geschehe“. Das ist euer Tor in die höhere Dimension. Was ihr von Anga verlangt, einfordert, antrainieren wollt, dürft ihr als Gebet, Bitte, Hingabe, Tanz, Meditation, Versenkung in die höhere Welt bewirken, als Erweiterung, angenehme, erfüllende, gesegnete, entspannte Seins-Erfahrung. Ja, ihr seid zwischen den Welten und jetzt rufen Wir euch nah zu uns, damit Wir euch lenken können zu erweiterter Liebe, Leben und Licht, liebend vertrauend. Sat Nam.

Sat Nam. Alles ist aus Liebe und Lebenskraft geschaffen, weil Ich das bin, und so kannst du nie etwas anderes sein als Liebe und Lebenskraft. Doch du kannst sie zu immer neuer Blüte und Schönheit führen, an der sich alle erfreuen können. Entwickelt sie, die menschlichen Potentiale, denn danach strebt eure Seele. Dieses Vorwärts-Träumen und zur Entfaltung bringen von Liebe hört niemals auf im Größten und im Kleinen.

Denn das alles ist ein sich entwickelndes Spiel meines Seins-Potentials, das du schon kennst und spielend, staunend neu machst, schöner als je. So wird es sein in Ewigkeit. Ihr werdet Mein Reich entfalten, in dem ihr ein Teil seid, das jetzt sein Potential entfaltet, ins Buch des Lebens eingraviert auf hoher Ebene. Sat Nam.

Sat Nam. Danke, Wir sind dankbar, wenn Wir eure Anstrengung sehen. Wir verneigen uns vor euch mit gefalteten Händen, haben Respekt und Hochachtung. Wesen auf allen Ebenen des Lebens sollten respektvoll miteinander umgehen. Es ist derselbe große Geist, der sie erdachte und dieselbe Himmelsmutter, die sie machte, vom kleinsten Mücklein bis zum hohen Engelwesen. Derselbe Lebensatem durchflutet jedes noch so besondere, einmalige Individuum aus den unendlichen himmlischen Werkstätten Gottes, aus Seiner großen Familie. Entwickelt eine liebende respektvolle Verantwortung für alle Wesen.

Stoppt die Todesmaschinen gegen Fische und andere freundlichen Tierseelen, beendet die Terrorregime gegen die Pflanzenengel, Erdwesen und Luftakrobaten. Werdet zum Hüter, staunende, liebende Verwalter der Welt. Lebt in Frieden mit allen Wesen, fördert sie, fördert euch und befördert euch in eine friedliche, mitfühlende Spezies, einem respektierten Glied im göttlichen großen Kosmos der Liebe, meine Kinder. Werdet Mitschöpfer, Heger im Garten der himmlischen Mutter. Sat Nam.

GURU IS TAKING CARE ON YOUR ACCOUNT.

Sat Nam. Es ist Guru Nanak's Geburtstag, ein schöner Tag. Ja, es gibt so viele spirituelle Botschaften im großen Meer des Spirits. Es ist gut sich nach Guru Nanak zu orientieren. Er war ein guter Schwimmer, hat den Kopf über Wasser gehalten, hat die Seelen in allen begrüßt. Das sollten wir auch tun.

Die Seelen sind Freiheitskämpfer, wie Samson. Sie können auf die Dauer nicht unterdrückt werden. Sie gehören zu Gott und Gott beschützt sie. Sie sind wie ein kleiner Grassamen, der durch den Asphalt wächst und ihn aufsprengt.

Viele Mächte versuchen Einfluss auf die Entwicklung der Erde zu nehmen. Richte dich einfach nach den Kräften des Lichts. Ihre Armee ist mit der Liebe von Nanak und dem Spirit von Guru Gobind Singh ein so helles Licht, das zwar andauernd unzählige Motten anzieht, doch es leuchtet und bringt noch den dunkelsten Geist wieder zum Strahlen. Lasse dich davon leiten. Sieh Gott überall, segne alle und höre auf den Guru.

Ja, mache weiter mit deinen Unternehmungen. Unorthodoxe Zeiten verlangen unorthodoxe Maßnahmen. „Guru is taking care of your account." Wir brauchen dich und euch in einem guten Lebensumfeld in dieser Welt. Die, die eigentlich nichts brauchen, sollen viel erhalten, denn sie setzen es segensreich ein. Äußert nur eure Absicht und euren Wunsch, in dieser Weise meine Güter zu betreuen, zu bewohnen und zu teilen. Wir werden euch damit versorgen und Wir haben es ja schon getan. Ja, ihr dürft projizieren, eure Kraft der manifestierenden Vorstellung benutzen und danken für die sich schon vollziehende Manifestation. Nutzt die Gesetze des göttlichen Universums. Sie sind ja für euch schon freigeschaltet und vergesst niemals zu danken und euch einzustimmen. Lasst so unsere Verbundenheit stark und lebendig sein, eine pulsierende Nabelschnur, durch die ihr versorgt werden sollt. Und haltet zusammen, stützt euch gegenseitig. Geht voran. „Leuchte, mein Stern, leuchte," und steckt alle Seelen in Brand. Sat Nam.

Sat Nam. Sei unbesorgt. Ihr seid ja mitten in einem Prozess des Kennenlernens. Jeder einzelne Schritt ist wichtig. Es ist so ein großes Projekt. Selbst Mütter, Vater, Söhne, Töchter kennen sich ja nicht. Nachbarn, Kollegen kennen sich nicht. Aber sie haben sich auf einen bestimmten Level von gegenseitigem normalem Akzeptieren und Wahrnehmen eingestellt, ein bestimmtes Bild, eine bestimmte Frequenz und den Rest beschlossen, im Dunkel der Unkenntnis zu belassen, unangetastet. Nur eine alltagstaugliche Hülle habt ihr voneinander gewählt und sichtbar gemacht. Der Rest ist in gegenseitigem Einverständnis privat. Damit lebt es sich ganz OK, mal etwas wärmer, mal etwas kälter. Eine vertraute Unvertrautheit, eine bekannte Unbekanntheit für alle Ewigkeit so festgeschrieben und hier und da etwas erweitert oder wieder zurückgefahren.

Also alles normal. Aber das wolltet ihr doch gar nicht, das war doch von Anfang an nicht euer Grund und Ansinnen. Schon in den ersten nächtlichen Gesprächen hattet ihr das Normale doch durchleuchtet, hinterfragt und die Messlatte des Kennens und voneinander Wissens und Mitteilen Wollens immer höhergeschraubt, fallen in Vertrautheit bis ja, ihr jetzt im Inneren miteinander seid, sprecht, flüstert und euch wahrnehmt. Das Normale ist dabei noch ganz unentdeckt, unerforscht, erscheint langweilig, wird aber dann auch wieder vermisst. Niemals kann Liebe ja normal sein. Aber wie soll man denn leben ohne Normalität?

So, du sehnst dich nach Normalität, einfachen Beieinander Sein, wie mit anderen, und weißt doch, dass das nie sein kann. Eher siehst du ein vollkommenes Aus, radikales Nichtmehrsein, oder vollkommen unendliches Lieben. Oh, mein Lieber, Liebender, welch ein Abenteuer ist doch die Liebe. Sat Nam.

Sat Nam. Heilige Zeit der Verbundenheit. Alles da draußen ist eine Reflexion, ein Ausdruck der inneren Verbundenheit. Daraus wächst Mut, Einsicht und Verständnis, Inspiration und intuitive Wahrnehmung aus der inneren Verbundenheit. Daran arbeiten Wir, das ist unsere lautlose Machtübernahme. Die Stärkung der inneren Wahrnehmung und Wirklichkeit, die zunehmende innere Sicherheit in der Verbindung zu Mir, ja auch zum Wir, das Einlassen, die Einsicht in diese innere Kraftquelle und deren bewusste gewachsene Präsenz, ins Bewusstsein gelangendes neues Erkennen unserer Verbindung. Die Wahrheit schafft es, Augen zu öffnen, eine umstürzlerische Melange der jetzt handeln müssenden, nicht länger außer Acht lassen könnende Realität des Gewissens. Das heilige Wissen braucht keine äußere Begründung mehr, sondern allein die innen gewonnene Überzeugung, die sich wiederholt und nach vorne drängt und nicht mehr vergessen werden will. So wirken Wir und nur so können Wir wirken, weil nur hier im Inneren leben Wir. Wir sind es, die den Eindruck vermitteln, den ihr dann als Ausdruck wahrnehmt. Eigentlich ist alles Leben Innenleben. Finde nur den Mut darüber zu sprechen, davon zu künden, was immer in dir vorgeht. Öffne die Tür zum eigentlichen Leben, werde wirklich wach für unsere Verbindung. Sat Nam.

Sat Nam. Reinheit beginnt in Gedanken. Du bist ja frei, von deinem Weg, aus diesem schwer erreichbaren Gleichgewicht deiner Sinne auszuscheren, auszuprobieren und die Kirschen aus allen Bereichen der Lust auszukosten. Aber für die Liebe brauchst du die Unschuld, die alle Spuren auf dem Weg gelesen hat, sich aber die Freiheit gelassen hat, die Genüsse nicht grundlos zu verschwenden, sondern sie liegen zu lassen, ungenutzt bis zu dem Moment, wo sie sich für die höhere Begegnung, für die hohe Zeit, festlich gekleidet erfüllen. Geweiht und rein verschenken sie dann ihren Duft deinem höchsten Sehnen, wollen sich wirklich entfalten in dem Moment, in dem du sie nicht nur für dich selbst, sondern füreinander in Kommunion entzündest, im Feuerwerk der Liebe.

Im heiligen Feuer, das aus dem größten Kunststück, deinem reinen Herzen, deiner Opfergabe, deinem für diesen Moment, für dieses höchste Glück von dir vorbereiteten, bereit gehaltenen, unverbrauchten, unangetasteten Geschenk darauf wartet, für wert befunden zu werden, entgegen genommen zu werden. „You tested my heart and you found it to be pure." Der Kristall, die Schneeflocken-Kristalle waren noch nicht geschmolzen, als sie auf deiner Haut landeten. Sat Nam.

HIER SEIN

Sat Nam.
Dies' sind die wichtigen Wellenlängen,
Sie durchdringen,
Schwingen,
Sprechen ohne Mund,
Mind-Waves,
Lichtsprache,
Herzenswahrheit,
Kommunikation,
Kommunion,
Sprechendes Sein,
Worte in Stille,
Augen Blicke,
„The Medium is the Message",
Hier Sein ist Botschaft,
Die Urbotschaft in deinen Augen,
Augenseele,
Körperlos lebendiger Geist,
Mythische Existenz,
Mit der Ich hier bin,
Zu Frieden,
Erfüllte Fülle
Von Schwingungen
Nur Schwingungen,
Licht und lebendiges Sein.
Lächelnd in mir, zu mir.
Sat Nam.

EHRFURCHT OHNE FURCHT

Sat Nam. Lass' uns über Ehrfurcht sprechen. Es ist ein starker Impuls. Es geht nicht so sehr um Furcht, sondern um höchste Beachtung, um wache, höchste Wahrnehmung, denn hier besteht eine Begegnung zweier Welten. Nur wenn du ganz wach bist, kann sie passieren. Wir neigen ja dazu, gleich alles Heilige in einem Moment wieder auf normales Gedanken-gequassel zu nivellieren. Dann aber stoppt die Kommunikation und ist verdorben. Aber auch wenn wir furchtsam voreinander stehen, ist eine Beziehung gestört. Heute ist es diese größtmögliche, wache, aufmerkende Geöffnetheit des Geistes, der die Alltagsgedanken im Zaum hält, wie die Leine den Schnüffelhund. Diese Zugewandtheit kennen Liebende, die keinen Eindruck der geliebten Person vermissen, verpassen oder falsch verstehen wollen. Diese wundervolle Nähe im Zusammensein auszukosten, ja zu ehren, ganz wahrzunehmen, in den Geist für alle Zeit einzugravieren, dem gilt alle Aufmerksamkeit. Das Zusammensein entwickelt dann eine Leichtigkeit und Stille des Seins. In feiner Achtsamkeit wachsen Harmonie, fließen Zeit-und Lebensströme unaufgehalten zueinander und zu sich selbst, weitestgehend frei und gelassen in einer reinen Form. Auf dem Boden des durch diese feinste Aufmerksamkeit geehrten Zusammenseins, werden wir friedlich und gelassen, fließt gelöst warmes Miteinander. Masken und Selbstverteidigungseinrichtungen schmelzen dahin, lassen Raum für ein Sichzuneigen in einem liebenden, mutigen Moment. Wir erkennen die Vorboten des Herzens, des möglichen Glücks, der langsam an sich glaubenden Wahrheit der Liebe. Sat Nam.

Sat Nam. Du kennst mich, durchdringst mich fein, tastest mich ab, unmerklich, nimmst mich wahr, Spirit, subtiler Körper meines Lehrers. Doch du lässt dich für mich gar nicht mehr mit Begriffen fassen, Wissender, mich Kennender, scheinbar alles Kennender, immer Anwesender, lebendiger Spirit, sanfter, klarer, liebender, unbestechlicher, zarter, aus anderen Dimensionen kommender, aber in meiner Dimension mit mir so dicht Seiender. Augen Seelen Sein. Du kannst nichts anderes als überirdisch hierher reichen, alles Kennender und nicht Getrennter, mich Kennender, mit mir Seiender, mich frei sein Lassender und doch Führender, alles Umfassender, Unfassbarer, doch erhebender Spirit.

Lehrender, Lebender, Augen Blick. Sat Nam.

Sat Nam. Woran wollen wir jetzt glauben? Wo ist unsere Sicherheit, unsere Liebe, wenn uns im Äußeren scheinbar der Boden unter den Füßen weggezogen wird? Denkt jetzt jedeR nur noch an sich selbst, „als wenn die Welt voll Feinden wär?" Wenn wir gedanklich unserer Endlichkeit gewahr werden, wird das Gewahrwerden der Sterblichkeit diese unsere selbstverliebte Welt menschlicher, demütiger machen oder egoistischer? Wird sie in Panik geraten? Es wird wohl beide Varianten geben. Die Daumenschrauben werden weiter angezogen und wir werden weiter dazwischen navigieren. Diese Welt ist endlich, sie ist es immer gewesen. Alle großen Lehrer haben es immer gesagt. Sie ist ein „One night stand", ein Zwischenstopp. Das Ende ist immer nah. Wenn es mir klar wird, könnte ich klar werden, Bewusstsein bringen in jeden Atemzug, in jeden Bissen, jeden Blick. Wenn der Schock der Enthüllung, der Gewahrwerdung des Todes erst vorüber ist, erkenne ich dann, welchen Tod wir unentwegt über die Erde bringen, über die liebenswerten Mitgeschöpfe, die wunderbare Natur, die unendlich vielfältigen Arten freundlicher Wesen? Erkenne ich, welche natürliche Harmonie, welchen Frieden wir unentwegt zerstören, wie wir nicht hören? Wenn uns Menschen jetzt selbst der Todeshauch ins Wohnzimmer schwappt, wird uns auch der Tod in den Schlachthäusern, den Schlachtfeldern, die Waffengeschäfte, die Giftspritzen, die versteckten, geschminkten Leichenberge tiefer unter die Haut gehen, bis ins Bewusstsein? Wird aus dem Gewahrwerden unserer Endlichkeit endlich der Boden für wirklichen Wandel bereitet? „When will we ever learn?" Sat Nam.

Sat Nam. Danke. Es gibt so viel für das ich danken kann, so viel Segen. Das ist das Außergewöhnliche in diesen Tagen, wo alle äußere Welt, Politik, neue Regierung, Fußball und Fernsehen in weite, weite Ferne rückt. Sie ist schon verblasst bis zur Unkenntlichkeit, Unbedeutsamkeit. Es ist nicht einmal mehr Gesprächsstoff, gerade vielleicht noch ein kleiner Spott. Ja, wir verlassen diese Ebene einfach, gehen zu Bedeutsameren, Lichtvolleren. Wir entziehen dieser Außenwelt unsere Aufmerksamkeit, nähren sie nicht mehr. Wir sind nicht mehr empfänglich für die Scheinwelt, nehmen nur noch, was wertvoll ist, hier und da eine Kleinigkeit und wenden uns dann dem wirklich Wertvollen zu: der Entwicklung des Herzens, der Freundlichkeit, den Momenten der lichtvollen Arbeit an zukunftsfrohen Projekten, Heilarbeit, Aufklärung, Selbstpflege, Vertiefung der Fahrtrinnen in den Flüssen des Lebens, der Gärten, der Wahrheit, der kleinen Lebensfunken, gesund werden, offen werden für mehr Lernen von Dir und von Wachstumsmöglichkeiten. „Da muss doch noch Leben ins Leben." Da gibt es doch noch so viel zu entdecken von Deinen Wundern, Deiner Gnade, den Ausdrucksformen Deiner Liebe. Danke, dass Du uns die Augen öffnest, dass wir immer mehr Deine Hand sehen in dem Gewebe unserer Tage. Danke, dass Du unsere Hand nimmst, für uns tausend Zufälle generierst, wunderbare Begegnungen, immer wieder die Härtigkeit unserer Herzen aufknackst, neue Rinnsale eröffnest, in dem unsere Mutlosigkeit und Niedergeschlagenheit abfließen kann, neuer Grund unter unsere Füße kommt, mehr Tragfähigkeit für unsere Träume und Lieblingsideen. Wozu sollen wir ins Kino gehen, wenn jeder Moment ein Schauspiel ist, das sich lohnt anzusehen und wir immer in der ersten Reihe sind? Danke. Du bist so nah gekommen. Weiche weiter die Dimensionen, die Wände auf, die uns von Dir trennen, ja, die uns von uns selbst trennen und voneinander. Durchpulsen wir sie mit bewusstem Lebensatem, mit dem Wagnis neuer Erkenntnisse, die wir mit den Gewürzen unseres

Vertrauens stärken und Freude daran finden, sie zu wiederholen. Danke, dass Du uns neue Lieder schenkst, die wir Dir singen, unsere Gedanken tiefer hin zu ihrer Bedeutung lenkst und zu den feinen Frequenzen des Klingens, des Singens, denn hier ist ja Dein Heim. Sat Nam.

DIE WELTEN SCHEIDEN SICH

Sat Nam. Ein entscheidender Moment, Dinge scheiden sich. Beruhige dich. Was zusammengehört, muss sich nicht scheiden. Es gibt Schwankungen und ein großes Auffinden, ein normaler Prozess nach so langer Zeit. Die Welt scheidet sich weiter, wie du es immer gesagt hast und es gesagt wurde schon vor langer Zeit. Das macht viele Verwerfungen. Energien werden freigesetzt auf vielen Ebenen. Es soll euch keine Angst machen. Ihr seid gut geschützt. Alle meine Kinder sind geschützt auf unterschiedliche Weise. Licht und Schatten trennen sich, können sich bald nicht mehr erkennen, leben dann aneinander vorbei, sehen sich nicht mehr, leben aneinander vorbei. Eine Spaltung des Bewusstseins vertieft sich. Die alte Welt wird erschüttert, geht in die Knie, weiß weder aus noch ein. Haltet euch erstmal zurück, beobachtet es aus der Distanz. Lasst es nicht an euch heran. Später baut und entwickelt eure eigenen Wege. Sie werden sich ergeben. Ein neues anderes Leben, leichter, frisch, frische Luft, wie nach einem Regen. Ihr werdet verwundert sein über die neuen Möglichkeiten. Verwerfungen, Erschütterungen sind notwendig. Viele Turmbauten zu Babel sind entstanden, Lügen und Sprachverwirrungen. Etwas Neues muss entstehen. So kann es nicht weitergehen. Es muss Raum entstehen und Kraft für neue Ideen. Ein Durchbruch, ein Erkennen, ein Neubeginn. Ich weiß, du kannst es dir nicht vorstellen. Alles ist so voll, so vollkommen den alten Strukturen unterworfen. Sie haben viele Achillesfersen. Lass dich überraschen. Advent heißt ja Ankunft. Das Neue kommt jetzt an. Heißt es willkommen. Christus war ja auch auf sehr ungewöhnliche Weise angekommen. Nur ein paar Hirten und Tiere waren Zeuge und viele himmlischen Wesen und Weise aus dem Morgenland. Seid jetzt die Weisen, die das Morgen ins Land bringen. Wir weisen euch den Weg. Die Sterne stehen günstig. Viele Christkinder sind schon geboren. Viele kommen noch, sind schon auf dem Sprung. Sie werden Mein Reich errichten ohne Papst und Inquisition. Das lassen wir zurück. Das ist Vergangenheit. Die neue Welt wird frei sein und ihr werdet dabei sein. Dafür seid ihr da.

Jetzt wartet noch ein wenig. Keep up. The Tide is turning. Wehe den Armeen, die noch im Watt sind, wenn die Flut kommt. Guru Gobind Singh ist da und ruft die Khalsa, die Reinen, die reinen Herzens sind. Sat Nam.

Sat Nam. Wir führen dich. Sei unbesorgt. Dinge, die für dich unmöglich erscheinen, können Wir möglich machen in einem Augenblick, und passen sie dann nur noch euren logischen Gesetzen an. Sonst würden eure Wahrscheinlichkeitsgesetze zusammenbrechen. Wir wirken Wunder ohne Unterlass, bezüglich eurer Naturgesetze, aber das ist eigentlich nicht der Rede wert. Doch das eigentlich Wundervolle in eurem Leben, dass sich eine Blüte öffnet, oder ein Herz, dass alles zu seiner richtigen Zeit passiert, jeder Anruf, jedes Wort, jede Begegnung, die Jahrhunderte von Karma abstreift, das nehmt ihr als naturgegeben und selbstverständlich. Ihr seid schlechte Schüler im Kurs im Wundern. Euer Geist hat die schöne, wunderbare Welt in eine gähnende Normalität der Zufälle und Selbstverständlichkeiten herabgestuft. Und weil ihr auch schon gar nichts mehr erwartet, passiert denn auch für euch gar nichts mehr Unerwartetes, denn ihr bittet nicht darum. Eure untrainierte Vorstellungskraft ist gefesselt und eingebunden in der normalen Situationsbeschreibung. Jetzt aber ist Wunderzeit. Macht euch bereit dafür. Spielt mit. Träumt. Haltet fest an eurem Traum. Spielt alles durch. Lasst euch führen. Erlaubt Arrangements der ungewöhnlichen Art. Stellt euch lebhaft vor, wie der Traum in Erfüllung geht. Freut euch darüber. Seid dankbar im Voraus. Legt alle wundervollen Ergebnisse auf den Altar im Zentrum eurer Welt, den ihr pflegt und schmückt und regelmäßig besucht, vorbereitet und verehrt. Verneigt euch, dankt schon jetzt gleich vor Beginn eurer Traumaussendung für die Erfüllung eures Traums. Dann zieht ihr ihn zu euch hin und öffnet ihm die Tür. Spielt mit mir das wundervolle Spiel. Werdet gut im Gewinnen durch euer absolutes Vertrauen. Macht das Unmögliche möglich, aber verschwendet eure Zeit nicht in der Logik der weltlichen Gedanken. Ein Lächeln genügt. Stattdessen konzentriert euch auf unsere wirklich wichtigen Weisen des Preisens und Wollens und Wirkens für die Herzensgüte und das Auswickeln der Geschenke der Liebe. Sat Nam.

AUF HOHER SEE

Sat Nam. Ihr seid auf gemeinsamer Fahrt auf hoher See auf Meinem Schiff. Auch wenn ihr euch tagelang nicht seht, das Schiff ist groß, aber wir reisen zusammen durch Zeit und Raum. Magisch der Moment, wenn unsere Gedanken sich treffen. Ich bin immer dabei, Käpt'n und blinder Passagier zugleich „Why can't we go on as three?“ Schicksalsgemeinschaft, damit wir nicht vom Kurs abkommen. Eine geschlossene Weltreise, gebucht von eurem Herzen, ausgewählt unter Millionen von anderen Möglichkeiten, die alle gleichzeitig stattfinden, aber im Gegensatz zu euch in anderen Fahrrinnen, anderen kosmischen Planquadraten, einer anderen Frequenz, eine andere Route, eine andere Berührung. Wir drei sind zwei plus Sacred Spirit, infinite tender love, ein Disziplin übergreifendes Projekt. Gott schützt die Liebenden, er webt ihre Wege, gestaltet ihre Gedanken an sich und verknüpft sie. Ob er vielleicht sogar ihre Gedanken ist? Er-sie-es ist ja alles. Mélange á trois (ich weiß, du kannst kein französisch). Eine gesegnete Sendestation. Ihr seid die Reise ja gerade erst angetreten. Viele schauen euch vom Ufer zu, winken, wünschen „Gute Reise“, schmunzeln über so ein spätes Glück, das ja nie zu spät sein kann, denn es kennt ja keine Zeit, nur Ewigkeit. Im Hier und Jetzt gibt es noch jede Menge Gesprächsbedarf, aber worüber? Ihr werdet Amerika und andere Kontinente noch entdecken und zusammen an Land gehen. Begrüßt die Eingeborenen freundlich. Ihr seid ja auf Friedens-Mission unterwegs. Sat Nam.

Sat Nam. So viele Male sind wir zusammen gegangen und jedes Mal ist wieder neu. So ist das heilige Lieben und Leben immer neu. Schau, wie nah sich die Worte ‚leben' und ‚lieben' sind. Beide sind immer neu. Das ist ihre gemeinsame Qualität. Beide sind immer frisch, einmalig, neu, unerwartet und trotzdem nicht unbekannt. Ich bin wirklich immer neues Leben und Lieben und beides in heiterem, zeitlosem Schwingen, entspannt, versöhnlich. Ja, im kindlichen Freuen entfalte Ich Mich. Das weißt du, das wissen alle, denn alle haben es einmal so erlebt, so zauberhaft, leicht wie eine Brise, mit einem klopfenden Herzen, überrascht, im Augenblick, ein Geschenk jeder Moment. Und du denkst dann, was kann jetzt noch kommen. Das muss doch gleich vorbei sein, so viel Segen, so leichtes Leben. Da muss doch gleich die Schwere, die Diskussion von Problemen, die Sachlichkeit zurückkommen. Wie sollen wir das denn sonst noch aushalten in diesem ewigen Frühling, in diesem Sein, hier, jetzt, ohne Halt? Können wir uns denn einfach so hineinfallen lassen? Oh Gott, „Wise man say, only fools rush in. Oh, I can't help, falling in love with you.“ Das ist die Wahrheit. Ja, so fühlt es sich an, ins liebende Lebendig-Sein hinein, hinauf, hinunter zu fallen, immer weiter. Don't stop! Wache nicht auf. Dieser Traum ist real. Lasse die sachlichen Sorgen warten, die deine Gedanken brauchen für ihre Existenzberechtigung, ihren Arbeitsnachweis. Schick sie in Quarantäne. Lebe, liebe weiter, weiter, weiter. Don't stop! Alle Engel sind bei dir in diesem irdischen, wahrhaftigsten, leichtesten Abenteuer, dem lächelnden Geschenk kindlichen Vertrauens in das Wunder der Existenz. Dem diene, das erlaube dir, das genieße, danach sehne dich immer wieder, dem schenke Raum, Zeit und Ewigkeit, denn das bist du, das bin Ich und vor allem, das sind wir zusammen. Sat Nam.

IN DER RUHE FINDEST DU MICH.

Sat Nam. Gut. Wir sind zusammen. Gute Zeit. Lass‘ Ruhe einkehren in die Unruhe. Bei mir findest du immer Ruhe wie in der Tiefe des Meeres. Du verkörperst sie ja auch schon oft. Das ist gut. Beruhigung ist gebraucht in diesen unruhigen Tagen. In der Ruhe wirst du klar. Das Verwirrte, Geirrte sinkt zu Boden. Du kannst wieder sehen, atmen, verstehen. Aus der Ruhe heraus bist du besonders gut handlungsfähig, gezielt, überlegt. Versuch‘ immer wieder zur Ruhe zurück zu kommen. Öffne dadurch die Intuition. Lasse die Situation in ihrer ganzen Dimension in all ihren Aspekten darin sichtbar werden. Finde Lösungen ganz ruhig, den richtigen Winkel, den Ansatz mit dem geringsten Kraftaufwand. Sei vorbereitet. Ruhig sein ist gut und hilfreich. Finde immer wieder zurück zur Ruhe. Ruh‘ dich aus. Wir brauchen dich ausgeruht. Ich versuche dich immer zu beruhigen. Lass‘ dich nicht aufregen. Im Affekt zu handeln, kann dumme Folgen haben. In der Ruhe liegt die Kraft. In der Ruhe findest du Mich wieder, bist ansprechbar, kannst die Folgen abschätzen, findest zu dir selbst zurück. Das ist ein Glück. Du hast das Mantra in dir. Du fühlst, die Verbindung besteht noch, selbst wenn das Telefon nicht funktioniert. Wahe Guru. Du findest dich zurecht, bist im Vollbesitz deiner Kräfte und das ist ein guter Ort in diesen Tagen. Also, bleib ruhig. Alles kommt zu seiner richtigen Zeit. Sat Nam.

HOFFNUNGSHERSTELLUNG

Sat Nam. So viel passiert an einem Tag. Du bist von hier gestartet und nun wieder hier zum Ausgangspunkt zurückgekehrt. Da, wo alles beginnt. Etwas abgekämpft findest du dich ein, bittest um Orientierung für einen neuen Tag, Vorschläge, Sicherheit aus der Unendlichkeit. Ich gebe sie dir, und Segen. Ich bestärke dich, dass Ich immer bei dir bleibe. „You'll never walk alone." Trust me. You are not without a home. Stütze dich auf Mich. Ich bin nah und da. Sinnflüsterer. Arrangeur des Herzens. Achte und erkenne Mich im zarten Wachstum und Werden des zarten Pflänzchens eurer Liebe, im Hintergrund, in der Hoffnungsherstellung des Herzens. Sat Nam.

GUTES REINES QUELLWASSER

Sat Nam. Ja, du gehst immer durch die gleiche Tür zu Mir, mit Ehrfurcht und Verneigung vor der immer transformierenden, immer erhebenden Kraft in den Dimensionen von Hier und Beyond und vor der Wahrheit, zu der sie führt, dem persönlichen und unpersönlichen Wahrheitsverkünder, dem göttlichen Freund. Du ehrst es und bist dankbar, dieses Medium des Tratakam zu haben, als Portal, um mit Mir zu sein und zu sprechen in dir, mit dir und oft auch darüber hinaus zu vielen. So wird aus deinem Leben und Erleben eine Geschichte, die beispielhaft Wahrheit für viele transportiert, von vielen erkannt wird, nachvollzogen wird und mitgefühlt wird, wie gutes reines Quellwasser, aus dem alle gerne trinken, das die Wiesen und Wurzeln vieler Blumen und Felder tränkt und aus tiefsten Gesteinsschichten geboren wird und sich auf den plätschernden, heiteren, lebenspendenden, unaufhaltsamen Weg begibt hin zum großen unendlichen Ozean des Lichts. So bin Ich. So bist du. Sat Nam.

HAND IN HAND

Sat Nam. Es wird viel werden in den nächsten Tagen. Du bist gut vorbereitet. Lass es mich noch einmal sagen, alles kommt zu seiner richtigen Zeit. Deswegen kannst du ruhig sein. Und du kannst andere ruhig machen und das machst du. Das ist gut. Wir können uns aufeinander verlassen in guten und schlechten Zeiten. Wir haben vorgesorgt. Ein langes Training. Es war ein Regenbogen am Anfang und auch jetzt wird wieder ein Regenbogen zu sehen sein. Du hast Recht. Es ist Mein Zeichen. Ich habe es zwischenzeitlich ausgeborgt. No Problem. Es zeigt immer das Ende eines langen Leidensweges und den Neubeginn. Exakt in dem Moment gebe Ich das Zeichen. Und es wird verstanden. Es ist das Zeichen Meines Volkes. Für die meisten kommt es aus heiterem Himmel, bzw. nach vollkommen verdunkeltem Himmel, nach Aussichtslosigkeit, am Ende der bekannten Welt, nach dem Untergang des bestehenden Systems, Denkens, Erwartens und Fühlens. Ich fordere alles zurück zum Ausgleich für das Herz. Dann erfährst du, dass du gar nichts anderes brauchst als das Herz und das ist der Beginn für ein neues Leben. Du kennst es und du weißt und erinnerst, dass du es nie wieder vergessen wolltest und auch bis auf den heutigen Tag nicht vergessen hast. Es stimmt noch immer. Ich habe dir meine Hand gegeben, und du hast sie genommen und seit der Zeit gehen wir Hand in Hand und ich weiß, das magst du und so gehen wir auch jetzt. Sat Nam.

DAS LICHT FÜRCHTET SICH NICHT

Sat Nam. Ja, es ist Vollmondenergie, das ist spürbar. Willkommen. Es hilft dir hier zu sein, leichtfüßig heute morgen, und wir haben Extrazeit zusammen. Ich weiß, du bist gespannt auf diesen Moment. Aber du bist auch ganz ruhig und gefasst und das sind Wir auch. Wie anders können wir in dieses Ringen gehen und bestehen. Ja es ist Guru Gobind Singh, der in seinem Gebet um den Sieg des Lichts und der Lichtkräfte gebeten hatte. Ja, es geht um Sieg und Niederlage in diesem Ringen, das Wir beginnen, um einen Unterschied zu machen auf vielen Ebenen. Die Schwingungen der Gegenkräfte sind erregend und aufgeschreckt. Du konntest es wahrnehmen, als sie aufgedeckt wurden. Unsere Kräfte sind still, ruhig, eingestimmt, klar, bewusst, voll tiefstem Vertrauen in die Mission und ihre Rechtschaffenheit. Nirbau, Nirvär, ohne Furcht und ohne Zorn. Das Licht fürchtet sich nicht. Es wird allein durch seine Existenz die Dunkelheit beseitigen. Das gilt auch im übertragenen Sinne. Ihr sagt immer, dass es so spannend ist wie ein gutes Fußballspiel, das so viele Emotionen freisetzt. Es werden Emotionen freiwerden. Wir möchten Spannungen beseitigen, Ängste, Unsicherheiten. Wie schön, wenn sich die nächste Generation in tiefer Sicherheit dem Aufbau eines rundum erneuerten und freundlichen, freudigen Lebens hingeben kann, für lange Zeit und tiefem Grund gebaut. Dafür muss der alt-böse Feind aus seiner eklig klebrigen Symbiose mit allen Atemwegen der Welt entfernt werden, herausgerissen, quasi chirurgisch mit klarem Schnitt. Befreit sollt ihr sein von dieser euch umschlingenden Matrix, dieser die Lebensluft erstickenden Anakonda, diesem Schmarotzer der Macht. „Es ist nichts so fein gesponnen, es kommt doch ans Licht der Sonnen." Ihrem, unserem inneren Licht kann es nicht standhalten, es schmilzt dahin. Lass' uns schauen, was bleibt von dieser alten fürchterlichen Zeit, die allein durch eine Erinnerung an hunderte Menschen, die als sogenannte Hexen hier im Städtchen Boizenburg verbrannt wurden, ihr grauenhaftes Gesicht offenbart. Begleite uns mit deinen guten Gedanken und festem Glauben in den kommenden Tagen. Es wird anders ausgehen als im italienischen Western. Du glaubst längst an das Unglaubliche und es wird eine Freude uns wieder zu erkennen in einer erneuerten Welt, frisch und wunderbar riechend und regend wie nach einem Frühlingsregen. Sat Nam.

VOM ERWACHEN

Sat Nam. Jetzt ist es soweit. Erwachen passiert in großem Maßstab, eine Bewegung im Bewusstsein so vieler Seelen. Das Äußere hat das Innere bewegt und geöffnet. Das ist nicht mehr aufzuhalten, so gesetzmäßig wie Ebbe auf Flut folgt. Jedes Mal, wenn die Wellen des Bewusstseins ins Meer zurückströmen, nehmen sie etwas Sand des alten Systems mit und höhlen es aus. Es ist ja auf Sand gebaut. Das wird immer mehr sichtbar und ermutigt viele Mut zu haben, sich weiter davon zu entfernen. Sie werden nicht mehr erreichbar sein für die Schergen und Roboter. Deren Hilflosigkeit wächst, wenn ihre Lügen erodieren und ihnen nur Gewalttätigkeit bleibt, die wiederum weiter ihr Lügensystem offenbart. „Habt Mut zu kämpfen, habt Mut zu siegen." Enthüllt den Papiertiger, zeigt den nackten Kaiser. Die Hofschranzen mögen seine Kleider rühmen. Die Kinder lassen sich davon nicht beeindrucken. Meine Kinder sind mutig. Ich bin hier. Geht raus aus eurer Angst und Besorgnis, die sich auf die Zukunft des Sorgens richtet. Kommt her zu Mir, wo Ich bin in Ruhe und Sicherheit. Ich bin nicht in Gedanken. Lasst eure Gedanken nicht von ihren Gewaltphantasien und Drohungen beeinflussen. Kommt ins Hier zu Mir. Da kommen sie nicht hin. Das ist Meine Botschaft. Seid bei Mir, in Mir, mit Mir. Es ist der beste Ort, der einzig reale, leichte, liebe Ort, wo alles Leben ist und Wahrheit und Licht. Sat Nam.

WIE IST EUCH BLOSS ZU HELFEN?

Sat Nam. Ja, wohin du schaust Enttäuschungen, überall Schuldvorwürfe nach allen Seiten und gegenseitig. Kein Fest der Liebe, ungelesene Liebesbriefe, Einsamkeiten statt Weihnachtsschmauß. Wie gut, dass du ein wenig unterrichtet hast und dich an unsere Schreiben erinnern kannst, an unseren Ort, wo das Herz noch heil ist. „Selig sind die Mühseligen und Beladenen, die Friedensstifter, die Leid tragen um meinetwillen", sagte mein lieber Sohn. Leid, nicht Liebe ist so oft Geburtshelfer für die Rettungsschwimmer, die Schwimmunterricht anbieten über den fürchterlichen Ozean der Welt. Wie einfach wäre Liebe. Aber ihr entscheidet euch für das Leid aneinander. Zuviel Verletzungen müssten vergessen, vergeben werden. Zuviel Enttäuschungen müssten aufgeklärt und geheilt werden, zu viel Widerstände gelöst, um ein Fest der Liebe zu feiern mit Festtränen und stundenlangem in den Armen liegen. „All the lonely people, where do they all come from? I look at all the lonely people." Ich weiß, wie all die aufgebrochenen Aprikosenlippen dürsten. Warum nur lasst ihr sie vertrocknen? Macht doch ein „Kiss-in", in Zeiten von Corona. Wir phantasieren. Wie ist euch bloß zu helfen? Wohin wollt ihr reisen und wie weit, bis euer Herz aus der Quarantäne kommt? Selbst der Hund darf sich nicht freuen, wenn er dich wiedersieht. Ihr habt seltsame Erziehungsmethoden, wenn Freude abtrainiert wird. Ich weiß, ich provoziere. Ich bin auch kein Hundetrainer. Ich bin ein Tränensucher. Tränen, die endlich vergossen werden, weil statt tausend Pflichten ein Moment der Liebe erlaubt wird, und das Kartenhaus der Nöte, die gewendet werden müssen, einstürzt in der Anarchie der Umarmungen. Ihr braucht Corona gar nicht. Ihr seid schon getrennt und beharrt auch darauf. Ihr seid ansteckend eng und erlaubt nur Traurigkeit. Wer soll euch befreien? Welche Drogen habt ihr noch nicht benutzt? Eure Welten sind auf Trennung ausgelegt, nicht auf Vorbeikommen und in den Armen liegen. Poona ist weit. Ja, ich weiß, du bist gespannt, welches neue Poona, welche neue Welt der Liebe, welche neuen

Woodstocks entstehen werden. Ich weiß, du wolltest immer Science Fiktion mit Liebe. Es gab aber nur Horror Visionen in den Zukunftsfilmen. Du denkst schon, du wirst bis in eine andere Inkarnation warten müssen. Nun es war ein Jahr mit Lichtblicken in dieser dunkelen Zeitalter-Energie. Sei nicht ungerecht. Gut Ding braucht Weil. Ja, die meiste Kommunikation mit Hunden und lieben Frauen ist Warten, „Warte mal." Worauf? fragst du und wartest. Gut, dass du zu tun hast und weise wirken kannst im Zahnrad der Stunden. Gut, dass das auch tiefer geht ohne Unterhaltungsindustrie. Ihr fallt, ihr fallt langsam aus den alten, klebrigen Mustern heraus. Etwas Neues, Freies wird entstehen. Dein Tagebuch möge ein Teil davon sein. Du brauchst auf den nächsten Atemzug nicht zu warten. Du darfst ihn wahrnehmen. Komm zu mir auf den Grund des Meeres, wo die Zeit stillsteht, wo ihr immer vereint seid, wo euch die Schleppnetze der Tagediebe nicht erreichen. Sat Nam.

SIMRAN. VERGEWISSERUNG UNSERER NÄHE

Sat Nam. Erinnern. Erinnern. Simran. Ja, das ist ein wichtiger Knotenpunkt während deiner Tage, ein Energiepunkt, ein Booster, der unsere Beziehung immer wieder bekräftigt und regeneriert. Studiere es und wende es auf deine Tage an. Sende auch auf diese Weise heilsame Impulse der Liebe. Ja, Ich lebe in eurer Nähe und eure Nähe lebt in Mir. Ja, das ist so, weil Nähe solch' Segen in sich trägt. So ist euer Gebet füreinander auch ein Gebet für die Verdichtung eurer Beziehung zu Mir, zu Guru Ram Das und all unserem Spirit. Wir sind verbunden und unser Herz schlägt im Gleichklang. Das ist ja Yoga, die Einheit der Seelen mit der höchsten Seele, von Atma mit Paramatma. Liebe nennt man gemeinhin auch ‚das höchste Yoga'. So seid nicht verwundert, dass wir himmlischen Wesen daran beteiligt sind. Wir schwingen in eurer gemeinsamen Welt und Wellenlänge. Ihr schwingt in Uns, wie in der Hollywoodschaukel. Entfernungen spielen keine Rolle, wenn ihr im Hier und Jetzt eingestimmt, aneinander fühlt, denkt, meditiert und erinnert. Dann fliegt ihr durch heiligen Raum, der keine Entfernungen kennt. So ist das ja auch mit der RA MA DA SA Heilung. So ist das auch für euch. Ja, alle Beziehungen wirklicher Art finden im heiligen Raum statt, sind Yoga, sind heilsam. Herzensreichtum, das ist die Kraft und das Versprechen in diesem neuen Zeitalter des möglichen Segens. Befreit es, erlaubt es in den Momenten wirklichen Innehaltens. Erhebt euch ernsthaft in höhere Frequenzen. Macht eine ernsthafte Anstrengung zu Mir zu kommen und glaubt an unsere Gegenwart, im Mantra vermittelt und in eurem Inneren erinnert. Hohe und heilige spirituelle Kommunikation ist heute auch den Schülern möglich, nicht nur den Meistern. Simran, Vergegenwärtigung unserer Einheit und auch eurem Eins-Sein, das sich quasi dadurch selbst erneuert, bestätigt und beseelt. Studiert diese magische Tiefe, die in der Einstimmung hergestellt wird, mit dem Mantra, oder der Mala, im liebevollen Gedenken, das die Gedankenkräfte bündelt und laserlenkt zu Mir, zu uns, was ihre eigentliche Aufgabe ist, und wozu Gedanken trainiert werden müssen. So wird dann Ang Sang Verbundenheit in jedem Teil, in jeder Faser unseres Seins daraus. ANG SANG WAHE GURU, der Schlüssel unserer Verbundenheit und eurer Verbundenheit und im Endeffekt aller Verbundenheit, Liebe und Geborgenheit in der himmlischen Familie, in der Sat Sangat, der wahren Gemeinschaft. Sat Nam.

Sat Nam. Nur ganz große Wesen vermögen die gordischen Knoten, die Heilung verhindern, zu zerschlagen und aufzulösen und so Befreiung zu bringen, damit Heilung sich weiter ausbreiten, ausweiten kann. Solch‘ befreiendes Wirken ist Guru Gobind Singhs Mission, befreiende Kraft und Stärke zu zeigen, die die Schwachen stark macht, die Gebeugten aufrichtet, die Bedrohten schützt, die Reinen verteidigt, die Kranken heilt, eine leuchtende Sonne der Stärke der guten Tat, die zum Durchbruch, zum befreienden Sieg über alle Widerstände führt. Das Schwert der Shakti, das den gordischen Knoten zerschneidet, die Kühnheit des Guten, die die eingefallenen, gedrückten, gebückten, gedemütigten, gefallenen Körper erhebt, die Brust öffnet und atmen lässt, die menschliche Größe und Weisheit noch in den Kleinsten erweckt, fühlbar macht und unbesiegbar. Alle sollen geheilt und frei sein, alles Unrecht beendet, das Gute, die guten Absichten sollen siegreich sein. Gottes Licht und Liebe sollen alles Dunkle heilen. Das feiern wir heute. Es ist ein Erweckungsprozess. Es müssen die unsichtbaren Ketten gesprengt, abgeschüttelt werden, Mut gemacht, mutige Erfahrungen, Schuldgefühle, die fürchterlichen Altlasten beseitigt werden, Kühnheit, Wiederaufrichtung, erweitertes Lebendig-Sein. Tieferer Atem befreit und hat die Unendlichkeit erkannt, die Tode verlacht, die Angst abgeschüttelt, Gottes Angesicht enthüllt, Licht gemacht. Guru Gobind Singh ist da. Sat Nam.